河合ブックレット 34

# 戦後日本から現代中国へ

## ――中国史研究は世界の未来を語り得るか――

谷川道雄

河合文化教育研究所

もくじ

# 戦後日本から現代中国へ

## ――中国史研究は世界の未来を語り得るか――

日本河合

# 一　序章——個人と国家の未来

一九四五年（昭和二十年）に戦争が終ったとき、私は大学の一年で、満十九歳でした。この年頃の青年なら大ていそうでしょうが、最大の関心事は、自分がこれからどういう人生を送るかということでした。そこには当然どういう職業を選ぶかということもはいって来ますが、その選択の前提になるのは、自分がどういう能力をもっているか、また、一層根元的に、自分が何をしたいかということが関わって来ます。しかし、自分の志向や能力は、人生を経験するなかで明らかになることでもあり、それだけの人生経験のない自分に、明確な解答が出せるわけはありません。しかしまた、何かを選択しなければ、先に進むことができない、といったニワトリと卵の関係のような堂々めぐりの中にはまってしまう毎日で、私もこうした青年期特有の悩みの中に学生生活を送っていました。

こうした悩みの果ては、結局自分は何者なのかという自問自答のために自意識過剰の泥沼の中にはいりこんでしまうものですが、幸いに、大学に入って文学部の中の東洋史を専攻に選んだときには、この泥沼からいくらか脱出しかけていました。この学科を選んだのは、まず理科系はからきしだめ、法学・経済学のような実社会に関係の深い学問にも不適、人文系統ではヨーロッパ学にはいささか違和感ありというように、全くの消去法によるものでしたから、入学してそこから何か新しい方向が見出せたわけではありません。ただともかくも一つの専攻課程をえらんだということは、そこに自分の進路に一つの限定がつけられたことを意味します。そうなったらそうなったで、この専攻する学問をいかにして自分の志向として受け止めてゆくか、在学の三年間、自分の中ですったもんだしていたのですが、そのことは他の書物で書きましたから、ここでは省略したいとおもいます。(1) ともかくも、自分の未来はいかにあるべきかが、たえず頭の中から離れない日々でありました。

ところで、この問題には、当時に特有の要素がつきまとっていました。それは敗戦という社会的現実です。日本人がこれまで体験したことのない未曾有の事態の中に、私たちは投げこまれていました。戦争の敗北というものがどれほど大変なことかを、いやというほど見せつけられていました。三百万という同胞の死、前線だけでなく国内に及ぶ戦力の徹底的な壊滅、家を焼かれ飢餓に苦しむ国民、それが私たちをとり囲む現実であり、また私たち自身でありました。植民地の喪失はおろか、国家主権まで実質的に奪われ、外国の軍隊の占領下に置かれた日本のどこに、かつての「大日本帝国」のすがたが見られたでしょう。私の通学する大学の銅版の標識からも、「帝国」の二字が削り取られたことを鮮明におもい出します。これまで威張りちらしていた配属将校(2)が、肩章をもぎとった軍服の外套に身を包んで、寒そうに街を歩いている姿に出あったこともあります。それはまさに日本の軍国主義崩壊を実感させる光景でした。

では、これからの日本はどうなっていくのか、どうあるべきか。空き腹を抱えながら、国民はそのことを考えなければなりませんでした。これからの日本のゆく手は平和国家、文化国家の建設に在り。軍国主義が敗北したのですから、そう考えるのは当然でしょうが、どうやって平和を期待し、どういう文化で立ってゆくのか、議論百出するだけで一向にまとまりませんでした。それもそのはず、政治・経済・文化の一切が米軍を主力とする連合国軍総司令部（ＧＨＱ）の統制下に置かれ、新聞・雑誌や、個人の手紙までが検閲を受けていたのですから。私の友人の中には、国内の普通の郵便を抽出して開封し、それを英文に翻訳するというアルバイトに雇われていた者もありました。いうまでもなく米軍が日本人の思想動向を調査するためのものです。

アメリカの占領政策は、日本の軍国主義体制を解体し、民主化政策を実行し、そしてこうした国家改造の下に、日本を自由主義陣営に組み入れることにありました。財閥解体、農地改革、婦人参政権の付与、そして新憲法の制定などがそれです。旧制から新制（六三制）への教育改革、などもそのひとつに数えることができるでしょう。要するに、現在の日本の政治体制は、この米占領軍当局によって礎石が置かれたといっても過言ではありません。

しかし、アメリカ主導であっても、軍国主義から民主主義へという変革は、日本人に絶大な影響を与えました。それが、敗戦に打ちひしがれた日本人の中に、一種の未来志向をつくり出したことは否定できないとおもいます。つまり、新生日本をどういう形で建設していくかが、様々な論議となり、また行動となって、敗戦後の社会にはげしい渦巻を作り出したのでした。

敗戦直後の情況はまだ混沌とした星雲状のものでしたが、国民はともかくも日本の将来について強い関心をもっていたわけです。占領政策の統制力を強く意識しながらも、国家について何らかの未来意識をもっていたことは否定できないとおもいます。これは、老若男女、あるいは社会的地位の如何にかかわらずそうであったと考えてよいとおもいます。自分たち自身が大変革の渦中にあるのですから、それは当然だと言ってよいでしょう。

その当時を想い起しながら考えるのですが、いま国民のうちどれだけの人びとが、日本の将来について関心を持っているでしょうか。日々の生活に一定のリズムや変化を感じ、また自分の年齢の進行を考えるということはあっても、何らか日本の未来図を頭の中に思いえがく人びとは、そう多くはないのではないでしょうか。もし何らかあるとすれば、大ていは、経済、治安、国際関係、環境問題等々の悪化に対する危惧であり、また一部にはそれらの好転を期待する、ということはあるかも知れません。しかしそうした将来への予測は、現在の社会の質を前提としたものであって、良きにつけ悪しきにつけ、未来という言葉が表現する、未知なる時代への意識ではないとおもいます。全体として言えば、今日の私たちの中に、未来意識が欠けている、持とうとしてもそれが持てないということになるのではないでしょうか。それは、今から五、六十年前と比べて、日本人のあり方の大きなちがいではないかとおもうのです。

自分個人として未来を創り出してゆかねばならない当時の青年にとって、日本の国家の未来をどうえがくかは、当然にも切実な問題でした。個人と国家という両極の命運が、つねにダブって意識されたと言ってもよいでしょう。そしてそこから発出する学生や労働者や農民のエネルギーが、戦後の社会運動、政治運動、さらにはさまざまな文化運動を生み出したと言っても過言ではないでしょう。

しかし、それらは成功したのでしょうか。戦後の国民運動の課題は、戦前のような国民の国家に対する非主体的な関わり方を克服して、真に自分にとって国家とよぶに足る国家を建設することにあったとおもうのですが、その成否が、今日の私たちのあり方につながっているはずです。そしてそれは当然のことながら、日本国民がアジアの諸民族に対して責任を償なってゆくための必須の条件でもあります。私は、これからこの問題を、自分の体験を通じて語りたいとおもいます。

私は日本国民のひとりとして戦後を生きてきましたが、同時に中国史の研究を職業とし、中国社会の専門研究者として過してきました。終戦後、間もなく誕生した中華人民共和国は、日本とは対照的に輝かしい未来が予告されたのでしたが、約半世紀後のいま、この国はどのような現実の中に置かれているのでしょうか。そこに私たちが見るものは、この国の民衆が真に国家の主人公たり得ているかどうかという問題です。

日本と中国という二つの世界に、蔦《つた》のように巻きつかれながら、私はそこに人類としての課題が共通に横たわっていることを感じます。それは、人びとがまだ自分の属する世界の主人公になり得ていないのではないかという印象です。そして、両国民にとっての未来とは、それぞれこの難関をどう乗り越えて真に自由な国民主体を実現するかということにかかっていると思います。以下の各章は、この問題を、中国研究を含む私の戦後史として考えたものです。

# 二　「新生日本」の挫折

## 戦後日本は誰のものか

二〇〇六年三月の現在、沖縄の普天間基地にある米軍の飛行場を名護市に移設する問題で、政府側と現地側との間に折衝が繰り返されています。政府側からは高官たちが頻繁に現地を訪れ、すでに米軍と合意した移設プランを現地側に提示していますが、名護市はこれに同意せず、今のところ平行線に終わっています。名護市側は、移設場所をプランよりも数百米、沖合にするよう要求しているのですが、それは騒音の被害をできるだけ小さくし、居住地区への墜落のリスクを少なくしたいという最小限の願いから来ているわけです。

考えてみれば、沖縄は、この地域に住む人たちにとって長い間いつくしんできた故郷なのです。その美しいリーフの海を破壊し爆音をとどろかすことを回避するために、彼らがどうしてここまで心を痛めなければならないのでしょうか。沖縄はすでにこの人たち自身のものではないのでしょうか。そうした要求を突きつける国家は、この人たちにとって真に祖国なのでしょうか。

沖縄が日本に復帰したのは、一九七二年、終戦以来実に二十七年後のことでした。それまでは、アメリカ軍政府の統治下にあり、本土へやってくるのにも、パスポートが必要でした。しかし、ようやく復帰したのちも、米軍の基地の島であることに変わりはなかったのです。そしてそれが今日まで続いている根源は、いうまでもなく日米安保体制にあります。沖縄が本土復帰したとき、すでにこの体制が確立していたのです。

日米安保体制による被害を受けている場所は、沖縄だけでなく、本土にも数多くありますが、問題はそれに止まりません。日本がアメリカにぐっと片腕をつかまれた感じで、何かにつけて完全に自立した行動がとれない状態にあるのは、この日米安保体制のためと言わざるを得ません。日本の支配層が戦後アメリカから多少でも自由になりたいと願っていろいろと画策してきたことは事実ですが、それはこの体制の枠内でのことであって、むしろアメリカとの非対称的な同盟関係を利用しつつ、自己の利益をはかっていく路線に立ったものでした。その総仕上げが、憲法改正問題です。現行憲法がアメリカによって与えられたものであることを口実にこれを改悪し、その結果集団的自衛権を合法化して、アメリカとの共同作戦を可能にすることが改正の重点目標の一つといってよいでしょう。戦後の戦争放棄、恒久平和の誓いは、ここに完全に消し去られることになるでしょう。

国家権力が国民の主体的意志によって支えられず、対外関係によってその維持をはかるという発想がここにあります。今日の憲法改正論の趣旨は、現行憲法が国際社会の実情に合わなくなったということにあるようですが、その国際社会とはアメリカの世界戦略下におけるそれにすぎないとおもうのは、私の偏見でしょうか。現行憲法はたとい起草者がアメリカ占領当局であれ、そこには人類の理想が述べられています。戦後の日本国民は、その英語風の文言の中に、自分自身の生きていく方向をとらえて来たのでした。国民に理想を抱かせないような憲法とは、恐らく憲法の名に値しないでしょう。自己の主体をぬきにした現実妥協のための憲法が誕生するかも知れないことに、私は深い危惧を抱くのです。

これらのことをおもいつつ、私はまたしても、ある悔恨の気持に襲われます。我々はあのとき、どうして安保を阻止できなかったのかと。あのときとは、一九六〇年の安保反対の国民運動のことです。よく知られた事実ですが、以下私自身の体験も交えながら、想い起してみましょう。

アメリカの庇護の下、戦後の支配権の確立をはかってゆく保守勢力の行く手にしばしば立ちはだかったのは、革新政党（社会党、共産党）、労働組合組織、一部知識人、学生たちでした。社会党は多くの労組を支持基盤とし、共産党は一部の急進的な労働者や知識人の支持をあつめ、学生層では、むしろ共産党支持者の方が多かったのではないかとおもいます。ただ、知識人・学生が共産党支持に傾いたのは、同党の牽引力というよりは、マルクス主義の理論的な魅力とそこから来る社会的使命感によるものだったように感じます。ともかくもこうして、政党を中心に、勤労者、知識人、学生らによって構成される革新勢力が生れ、保守勢力と対決していたわけです。そしてこの構図は、外側にひろがる東西両陣営の対峙情況に深く関わっていました。

一九五一年に朝鮮戦争の戦闘が終った後[3]、アメリカは対日占領を終って日本を独立させ、より積極的に協力させる方針を取りました。五一年、政府・与党は、アメリカとの単独講和条約をサンフランシスコで調印し、同時に日米安全保障条約が結ばれました。野党側は、ソ連・中国を含む旧交戦国全体との全面講和を主張して抵抗しましたが、国会での強行採決をもって押し切られてしまいました。

革新勢力は、この方向が日本をアメリカのアジア戦略にまきこむものとして、強く反発しました。今の自衛隊の前身である警察予備隊の創設、レッドパージ[4]をはじめとする思想統制などに対し、戦前への逆コース政策として、大きな危機感を抱きました。日教組が「教え子を再び戦場に送るな」というスローガンを掲げたのも、この時期のことです。革新側は、その組織によってさまざまな要求を出していましたが、その統一スローガンを挙げるとすれば、それは「平和」でした。革新団体が主催する集会・デモでは、「平和、平和、平和を守れ」の歌声がひびきわたりました。私の隣で、戦争で片腕をなくした同僚の先生が声をからして叫んでいたのを覚えています。

一方、保守側も、大きな危機感を抱いていました。講和によって占領軍が撤退すれば、革新勢力を抑えこんでゆけるだろうかという不安です。もしそれができなければ、政治体制の変革という事態につながりかねません。そこで打ち出されたのがいくつかの治安立法でした。

講和条約の発効した五二年の五月一日、東京のメーデー会場神宮外苑に集まった参加者のうち六千人のデモ隊が、皇居前広場（当時は人民広場と言われました）に突入して、警官隊と乱闘になりました。皇居前は会場として申請して不許可になっていたのです。死者二名、多数の負傷者と検挙者を出したこの事件は、「血のメーデー事件」とよばれています。私はその二日後上京して歴史学研究会の大会に参加したのですが、学会でもこの話で持ち切りでした。「指に繃帯をしていると警察に引っ張られるから注意しろ」という言葉さえ聞かれました。私は杉並区の長兄の下宿に泊っていたのですが、そこの女主人は、デモ隊の勇敢さをわが事のように自慢していました。その杉並区の住宅地は学者・文化人の多い所で、戦後の市民的平和運動の発祥地だと言われていますが、彼女もそのメンバーだったのでした。

メーデー事件は、その前日、政府が国会に提出した「破壊活動防止法案」[5]（略称破防法）に強く反発した結果でした。この法案は、一般市民の言論活動まで規制しようとするもので、戦前の治安維持法以上の悪法だとする見解もあります。

反対運動はいわゆる革新団体だけでなく、ひろく国民各層をまきこみ、大きな波浪となって国政をゆるがせましたが、原案の修正を経て、七月下旬、ついに国会で成立しました。破防法はいまでも生きていますが、その適用例が少ないのは、この法があまりに過激だからでしょう。

## 警職法反対国民運動

破防法問題につづく第二の激突は、一九五八年の警職法[6]反対運動でした。この年十月、政府は「警察官職務執行法改正案」を国会に提出しました。警察官職務執行法、いわゆる警職法は、警察官の職務の権限を定めたもので、たとえば不審な人物に対してどういう取り扱いをするかなども、これによって規定されていて、市民生活にも大きな関わりのある法律ですが、政府はこれを改正して、その権限を強化しようとしました。これはもちろん反政府的な動きを取り締るのが目的ですが、一般市民にも不安を与えるものですから、革新団体はいうまでもなく、国民一般の強い反発を招きました。社会党や総評などは、警職法改悪反対国民会議を結成し、十月から十一月にかけて、五次にわたる全国統一運動を展開しました。

この反対行動のルポルタージュを、私の次兄の谷川雁が書いています。彼の詩や文章には、レトリックを駆使した難解なものが多いのですが、この文章だけはふしぎに素直で、情況をよく描写していま す。自分の身内の作品を引用するのはいささか気が引けますが、ここにその一部を紹介してみます。

「何が『警職法』を破ったか」(『思想』一九五九年二月号)という題名のこの文章は、その前文でこう述べています。少々長い引用ですが、戦後の国民運動史を考える上でこの文章はいくらか資料的価値をもつかも知れません。

一つの、すばらしい重量感をもつ課題がわれわれの前にある。一九五八年秋、日本人民は未曽有の事実を体験した。法制化という形をとった権力の弾圧企図をはじめて人民自身の力が粉砕したのだ。この影響はなおも社会のすみずみにまで古い鐘のように鳴りひびいている。権力者の視野は霧にとざされはじめ、大衆は生活の困苦にひしがれながら価値体系の或る角度の傾斜を味わっている。それは敗戦後二、三度訪れた「世の中が変るかもしれぬ」という叙情的な心情の飛躍ではなく、それよりもはるかに生活に密着した領域での価値観の震動である。いわば変化に対する傍観者としての予感でなく、権力と自己の関係を単に利害の糸でつなぐ理解でもなく、そこにある種の新しい正義の観念が誕生しはじめたことを感得させる。それはようやくにして権力は公のものであり、大衆は私のものという日本的マンネリズムの解体過程の第一歩でもある。

しかしながら、始めと終りが画然としている大衆運動はその成敗を主観的な意図がつらぬかれたかどうかに集中して論議されるきらいがあるため、かえって内包している問題の客観的本質が見落されがちである。警職法闘争の意義は、それが当面の力関係にもたらした影響にだけあると考えてはなるまい。むしろ、この一例のうちに日本人民の恒久的な勝利の方式が秘められている点を執拗に追求してゆかねばならぬ。もしこのことが成功的に解かれるならば、今後の運動はそれを意識的に運用することにより大きな飛躍をとげるであろう。鍵はあたえられた。——なによりもまずここに実証されたケースがある。

では警職法改悪反対闘争の一応の勝利の原因は何であったか。革新勢力の予想外に大きな結集であったか、いわゆる文化人の蹶起によるものか。それとも中間層の広い支持であったか、はたまた自民党内部の動揺と対立であったか。それらの要素がいずれも重大な役割を荷うものであることに何人も異存はないであろう。けれどもその要素のどれが決定的なキー・ポイントであったのか。そのいずれでもなく、すべての要素のからみあいであるという答もたちまち出てくるにちがいない。しかし、これらの顕在的な諸要素がすべてかけ合わされたとしても、果して十一月五日のエネルギーに達するであろうか。すくなくとも、諸要素の関連または相乗作用というだけでは力の構造を内部的に照明することにはならない。してみると、勝利の原因に関する解釈がまちまちであるというよりも、その解釈に自信をもたず、ためらっているのが理論分野の現状ではあるまいか。私はなんらの理論研究に携わる者ではないが、人民の勝利を願う地方生活者として、自分の網膜に躍っている影像について語りたいと思う。

この文章から分かるように、警職法反対運動は大きな国民的な盛り上りを見せ、十一月二十二日、この法案は国会で審議未了、すなわち事実上の廃案となりました。戦後の大衆運動が、政府提案の法案を阻止し得たのは、これが初めてのことでした。だが、その勝利の原因はどこにあったか。革新勢力の結集か、文化人の言論による指導力か、中間層の広い支持か、自民党内部の事情によるものか、筆者は、要因の一つとしてそのいずれをも否定することなく、しかしそれらは決定的なキー・ポイントではないとして、当時の情況を分析しています。彼の取材範囲は主として九州地区ですが、そこでは、第何次目かの統一行動の日、国鉄労組の反対行動で列車が遅れても、乗客は誰ひとり文句を言わず、むしろ労組を激励する有様。日頃警察に痛めつけられているヤクザ、グレン隊、テキヤの面々も、警察の悪口をいいながら街頭での反対署名に応ずる。かねて警察に不満をもつ者は、旅館業者やハシケ業者の中にも反対運動に同情的であった。「デートをじゃまする警職法」という労組側のキャッチ・

フレーズが、ひろく青年層を反対側に走らせた。

彼の挙げているこういう例は、むしろ組織労働者以外の人びとの反応ですが、実は労働組合の内部にも変化が生じていたことを強調しています。労組の中の下部の組合員の方からむしろ幹部をつき上げて、はげしいたたかいを要求するという情況が、あちこちで見られたとしています。戦後十何年の間に形を整えてきた労組の組織のなかに官僚主義が生れ、組合員は幹部の指令のままに動くことを強制されるという風潮が生れました。あえて言えば、労働者は資本家側と労組側の両方から規制される環境に置かれていたのです。それだけではなく、労組幹部が一種の労働貴族を形成し、野党第一党の社会党がかれらを代表する政治勢力となっている状況がありました。保守勢力と対決し、これをのりこえる力をもとうとしても、このように労働者のエネルギーが封殺された状態では、それは無理でしょう。

今でも五五年体制という言葉がよく使われていますが、一九五五年（昭和三十年）という年をさかいに、日本の政治地図は、自民党と社会党が、二対一ぐらいの比率で均衡を保つようになりました。この政治的安定には東西両陣営間の冷戦の「雪どけ」[7]という国際的契機も考えなければなりませんが、この保革安定の中で、警職法改正反対運動は、この構造をつき破る国民各層のエネルギーが、不定形ながら発露された、その力が法案を廃止に追いこんだというのが、この文章の論旨です。

この勝利の上に国民の各層のエネルギーを結び合わせて、さらなる追撃を敢行するのが革新勢力の課題であるのに、彼らはそうした運動の創出を怠っているという批判も、ここで強調しています。なぜなら、日米安保改定という重大問題が目前に迫って来ていたからです。警職法闘争で発揮された国民のエネルギー、既成の枠組みにとらわれないその民衆の力をさらに伸長させて、保守内閣を解散に追いこみ、日本国民の新たな歴史をここに画したいというのが、彼の願望でした。

考えてみれば、戦争で惨禍に遭い、戦後も酷烈な辛酸を嘗めて生きのびてきた日本の民衆にとって、戦後十数年経っても、国家は自分のものではありませんでした。アメリカ占領当局の主導によって社会のさまざまな面に民主制度が設立されましたが、独立後も国家を牛耳っているのは、戦前、戦中から生きのびてきた支配層でした。あの敗戦という未曽有の事態を経たにもかかわらず、国民は「これが我々の国だ」という実感を持ち得ないままに、戦後を生きて来たのです。民主選挙で選ばれる議員たちも大多数は旧支配層の流れを汲むものであり、革新議員でさえも、一つの出来上った国家体制の中に安住している。この見方には異論もあるとはおもいますが、谷川雁の見方はそのようでした。

私自身も、当時同じように考えていましたし、そして今でもそう考えています。一例を挙げれば「日の丸」「君が代」問題です。それに対して違和感を抱く人たちが今でもあり、それを反国家的だとして行政的処分に及ぶ例も今なお後を絶ちません。「日の丸」、「君が代」への違和感は、戦争の記憶から生れる当然の感情であって、もしこれを新たに国旗・国歌として制定するとすれば、この問題に決着がつけられなければなりません。つまり日本国民の中に日本は戦後本当に生れ変ったという認識が定着しなければなりません。その上で「日の丸」、「君が代」を国旗・国歌とすることが改めて国民の合意となることが必要です。しかし、果して戦後、日本は生れ変ったといえるのでしょうか。実感として言うならば、制度や経済の面では大きな変化があったとしても、戦前のように国家意志に従属して戦争に参加した、そのあり方が完全に克服されて、真に国家の主体となるといった転換が起ったかどうか、大そう疑わしいのです。もしこの転換が実現していれば、今日のような教科書問題や靖国問題の生れる余地はないでしょう。

## 六〇年安保――怒涛のデモ・敗北

戦後の国民運動には客観的にこうした目標が内包されていたとおもわれ、警職法の廃案という事態は、その目標に一歩近づくかに見えました。この課題は日米安保条約改定阻止に引き継がれるべきことでした。安保改定反対運動は、破防法、警職法に次いで、第三の運動のピークとなりました。説明するまでもないことですが、一九五一年に締結された日米安保条約には、十年毎に改定を協議するという条項があり、その最初の十年目がやって来たわけです。政府とアメリカとの間でまとまった改定案(8)は、個別的な条項で日米対等の関係を作り出すと同時に、日本が米軍と協力することが取りきめられました。日本の自立を一歩みとめると同時に、これと引きかえに極東地域におけるアメリカの軍事行動に協力することを規定したものです。この線を延ばしていけば、現在議論になっている集団的自衛権――憲法第九条の問題につながっていくわけです。

革新勢力は、この改定案に対して大きな危惧を感じました。これは明らかにアメリカと共同して中国に敵対する企図を示しているからです。革新側の出したスローガンは、安保破棄でした。日本がアメリカとの軍事同盟を離脱して、中立を保つことが、革新勢力の方針でありました。政党、労組、学生組織はそれぞれに反対運動をくりひろげていました。

一九六〇年五月、政府が国会で改定案を強行採決したことで、情勢は一気に緊迫しました。連日国会には数万人のデモ隊が抗議に押しかけ、六月十五日には二十万人が国会議事堂を包囲しました。地方の各都市でも、集会・デモが行われ、この日ストライキに入った労組は、全国で約五百六十万人といわれます。もちろん、政党・労組などの革新団体だけではありません。「声なき声」と称する無組織の一般市民の参加も非常に多かったのです。それはまさに国民的反対運動というにふさわしいものでした。それには当時普及しはじめた白黒のテレビの影響が大きかったことも考慮しなければなりません。子どもたちさえデモごっこをして「アンポハンタイ」と叫んでいたのでした。

反対運動の国民的拡大の原因が、安保条約の問題そのものよりも、政府・自民党の強行採決にあった、つまり民主政治の蹂躙にあったという議論が当時からありました。運動拡大のきっかけとしてはあるいはそうかも知れません。さらに、それをマスコミが大きく採り上げたことにあるという意見もあり、それも恐らく正しいでしょう。しかし、この安保反対運動に至る戦後史の経過をたどってみると、何か国民の心に、現体制に対する怒りのマグマがふつふつとたぎっていて、それがこれを機に噴き出したとみることも可能です。それを確実に証明する手だては今のところありませんが、当時の情況を現今と比べあわせてみると、対米従属政策にしても、国民に対する管理強化政策にしても、あるいは、政府・与党の強行採決にしても、当時の国民はこれに反応して怒りを燃やし、行動に出るだけの気力を持ち合わせていたことは明らかです。とにかく、これだけのエネルギーが放出されれば、政府は倒れるのではないか、――そうおもわせるような情勢でありました。

私自身、大学教員として職員組合に所属しており、地方都市で何度かデモに参加しました。労組各団体の隊、学生自治会の隊に交って大学教職員の隊がありました。アメリカ大統領アイゼンハウアーの来日中止が伝えられたのは、そのデモの最中でした。皆は誰彼となく、歓声を挙げて喜び合いました。私のそばではお互いに見知らぬ学生や労組員たちが興奮して語り合っていました。

アイゼンハウアーは、日本国会での改定案批准の成立を期して、日本にやって来る予定でした。この予定を中止したのは、羽田空港から皇居への移動に日本側が警備の自信がもてず、やむなく中止を要請したためでした。これは日本政府としては大きな痛手です。私はこの知らせを聞いた時、これで内閣は総辞職し、安保改定案も水に流れるだろうと思ったのですが、その期待は裏切られました。デモのシュプレヒコールは最後にはほとんど「岸を倒せ」にしぼられてゆきましたが、岸首相はそのまま居すわって批准案は自然成立の六月十九日を迎えました。

それに先立ち六月十五日の国会議事堂前では、東大文学部学生樺美智子が警官隊とのもみ合いの中で死亡し、それをきっかけに運動が一層激化したことも述べなければなりませんが、ここでは省略したいとおもいます。とにかく、安保反対闘争は敗北に終ったのでした。全国の労働組合をまとめた総評の太田薫議長は、後で、次のように回顧しているということです。「安保闘争のあの高揚のときに、私たちの総評はもちろん、社会党にも共産党にも、率直にいって指導性はなかったと思う。コントロールが効かなかったのである。大衆の自然発生的な立上り、壮大な大衆闘争の高揚だったというべきである」。この「コントロールが効かなかった」という一句に、安保闘争のすべてが集約されています。それほどの国民大衆の盛り上りがありながら、これまで戦後の民主主義運動を指導して来た革新政党と労働団体は、これに対してなすすべを知らなかったのです。これら政党・労働団体が以後衰退の一途をたどっていくのも当然といわなければなりません。と同時に、このとき空前の行動力を発揮した国民大衆も、その力を結集する場をもたないままに、個人の生活のなかに自閉してゆくことになります。戦後における日本再生の契機は、この一九六〇年という年に、決定的に断たれたと言ってよいでしょう。

一九六〇年には、もう一つの大事件が起りました。それは三井三池炭鉱の人員整理問題です。石炭から石油へというエネルギー革命の潮流が日本を包みこんでいました。それは、技術革新と共に高度経済成長の原動力の一つでありました。高度経済成長によって、日本人の生活様式が一変したことはいうまでもありません。日本人はどこか根底において自己変革を経ないまま、生活様式上のかつてない変容の流れに身を任せて生きていくことになるわけです。私たちの今日が、この新しい流れの延長線上にあることは、実感していただけるでしょう。

# 三　人間存在の内部へ

## 大衆とは何か

これまでは、戦後社会の全体の動向について語ることが多く、私自身については多くを述べませんでした。それは社会について語ることが、ある程度自分を語ることでもあったからです。しかし、一九六〇年の敗北は、私自身を社会の一般動向から引き離すことになります。

安保闘争が終ったあと、やがて夏休みに入りましたが、私はその休暇をどのように過したか、全く記憶がありません。おそらく敗北感にとらわれたまま、ぐずぐずと運動をふり返っていたのでしょう。

さきに挙げた総評議長太田薫の述懐は、私自身が運動参加者として実感するところでもありました。いまから五年ばかり前に書いた当時の回想記に、つぎのように述べています。

講和後、政府の強権に抵抗する国民的運動の力は決して小さくはなかった。五二年の破防法や五八年の警職法に対する反対運動がその例であり、破防法は成立したものの適用が困難になり、警職法に至ってはついに廃案になった。だがそれにもかかわらず、国家に対する国民大衆のイニシアティーヴが確立するまでには至らなかった。

　安保闘争はそれを実現する最後のチャンスだと私には思われた。そう考えて参加した私はしだいに運動のあり方に疑問を抱くようになる。この怒涛のような大衆運動のうねりをいくら自賛していても、国家の変革にはつながらない。全学連はこの事態にいら立って国会議事堂突入をはかったのだが、それで国家が国民のものになるだろうか。ひとりひとりが安保反対の請願書を議事堂前で野党側国会議員に手渡すという請願運動も行われた。これは国家と国民各人を結びつけようとする発想ではあるが、要するに請願に過ぎない。とすればあの場合、どうすべきだったのだろうか。

　それは今でもわからないのだが、その当時、私はつぎのように考えていた。

　（「一九六〇年前後」『新しい歴史学のために』二四四号、二〇〇一年）

と述べて、敗戦後十五年の苛酷な生活によって蓄積した情念の「マグマ」をお互いの間に解き放ち、それを新たに組織してゆくことが必要ではなかったか、としています。

　過去十五年の間、革新勢力は、トップ・ダウン式に組織を通じて中央から末端へ指令を伝え、彼らを動員して闘争態勢を作り上げるというやり方に慣れてしまっていました。それが安保闘争の指導にも踏襲され、あの盛り上りをつかみとることができなかったわけです。

表面ではいつも、「大衆の創意を汲み上げ」などとうたいながら、結果としては、上から下への一方通行に終っていたのでした。これでは革新勢力も保守側と一向に変らないのではないでしょうか。そういう姿勢で、どうして保守体制を乗り越えられるでしょうか。

大衆とは、マスとして政治の目的に供されるだけのものなのか、大衆のひとりひとりは運動の粒子にすぎないのだろうか。それと違った存在としてとらえることはできないのだろうか。

夏休が終って、私はあることを決意しました。そのことを、再びさきの回想記から引用してみます。

秋になって、私は大学の職員組合の三役に立候補した。各部局は単組として独立しているが、そこから一名づつ執行委員を出して連合会を構成する。委員長、副委員長、書記長の三役は、連合会の大会で投票によって選出される。三役は激務なので任期は半年だが、その期間、本務の方はほとんど放棄しなければならない。皆それを嫌がるので、大会はしばしば紛糾した。私も何度か立候補をすすめられたが、そのつど逃げまわっていた。当時私の身分は助手だったから、三役になると、研究室の仕事は完全に停滞し、教官・学生にも迷惑をかけることになる。文学部の助手の経験のある人なら、このことはよく理解していただけるだろう。しかしその秋の選挙には肚をきめた。大衆とは何かという自問が、私をつき動かした。大衆といっても、私の周辺にいるのは、事務系職員や雑多な現業系職員だけである。ただ、それらの大学職員でも、教官とは一種ちがった世界に生きている。そうした人たちを相手に、からだを動かしてみようとおもったのである。

組合員一五〇〇名の委員長になった私は、第一回目の執行委員会で一つの提案を行った。組合でとり上げる問題は、必ず三役が討議した上で執行委員会にかけて討議する。各執行委員はそれを各単組（部局の組合）に持ちかえって職場の意見を聴き、それを次の執行委員会に持ち寄り、連合会として結論を出す。このような討議の往復運動を実行したいと。組合民主主義の原則としては当たり前のことだが、実際はなかなか行われない。三役や執行委員会の意向を一般組合員に押しつけてしまうのが通例である。そのうえ、大学職組には日教組と国家公務員共闘会議の二つの上部機関から、たえず指令が来る。それをつい鵜呑みにして下部に押しつけるという弊害に陥りやすい。しかしそれでは、あの安保闘争のやり方と少しも変らないではないか。私はそう考えたのである。

しかし言うは易く行うは難い。執行委員が職場の意見を持ってこないことがしばしばあったが、私は妥協はしなかった。たとい反対意見であっても、それが本音であれば、それは組合運動にとってプラスである。このようなまどろっこしい往復討議をくりかえすうちに、私はおぼろげながら、組合全体に地力のようなものがついて来たことを感じるようになった。大学当局との団交のなかでも、相手の対応が変わってきたのである。法規をたてに組合の要求を簡単にはねつけていたのが、いくらか坐り直して答弁しなければならないと言う風に変化が見えてきた。勿論それはまことにかすかな変化であり、それによって組合が大きな利益を得るというものではなかったが、組合に活性が生まれてきたことは確信できた。その確信にもとづいて、部局を横断した職種別の全学懇談会を企画した。そこでは予想以上に活発な意見が続出して、当局への日常的不満の大きさをまざまざと知らされたのである。

一九六〇年から六一年初頭にかけて、私は研究らしい研究は何もしていませんでした。すでに三十五歳になっていましたが、身分はまだ助手で大学教員として一人前ではなく、多くの業績を発表して学界にアピールしなければならない地点に立っていました。ふつうなら焦りを感じるところですが、組合活動の期間、ふしぎにそんな気持はなくなっていました。しかしその多忙ななかで、あるマイナーな雑誌から寄稿の依頼があり、私はそれを引き受けて一気に書き下ろしました。題して、「一東洋史研究者における現実と学問」。安保以来の思いと、中国史研究の課題とをない交ぜにした文章です。しばしば旧文を引用して申しわけないのですが、その末尾の一節を左に掲げます。

わたくしには残念ながら、現在の反体制組織の多くは、共有物をもたない諸個人の粒子的集合体であるように感じられる。それは当然資本主義社会の生活様式の反映である。しかし反体制運動がこの反映そのものに止まるとすれば、それはきわめて非歴史的といわざるをえないだろう。なぜなら反体制運動とは、古代以来階級制度に辱められていた共同体の復讐であり、共同体の全面的開花を目ざすものだからである。にもかかわらず、このような命題が現実世界によって検証されてくるような状況がなく、自分じしんの思考の範囲に止まっているとするならば、これは結局一個の空想にすぎないのではないか。あるいはそうではないのか。現実世界が検証してくれないとすれば、その証明を過去にもとめ、そこから自己の生をきりひらいていくよりほかはない。わたくしはここに歴史学と現実とのふれあいがあると考えるようになってきた。

（『新しい歴史学のために』六八号、『中国中世社会と共同体』国書刊行会、一九七六年所収）

大そう気負った文章でいま読み返してみてまことにはずかしいのですが、言わんとするところを要約すると、次の如くです。反体制組織、つまり保守的体制に抵抗する革新組織は、資本主義の体内から生み出されたものであり、そこに資本主義特有の、人間を粒子としてとらえる考え方が反映しているのは免れがたいとしても、その目標は、これを越えて新しい共同体社会を建設することにあるはずだ。人類史上、共同体はいずれの時代にも存在したが、階級社会では、階級制度によって制約され、十全な展開をとげて来なかった。階級社会の最後の段階としての資本主義社会に対決する反体制運動が共同体の全面開花を目ざすものであれば、その組織原理が資本主義的個人主義に立っているのは、おかしいではないか。安保闘争のあり方を見てもそうである。新しき共同体を未来に求めるという自分の気持は、いまの現実によっては検証され得ない。とすればせめて、歴史の中に、脈々たる共同体の存在を確認し、それを拠りどころに生きてゆくしかないのではあるまいか。ここに歴史学研究の本当の意味があるのではないか。

およそこういったことを言いたかったのですが、現実社会への失望をバネとして学問と現実の結びつきを構想したのが、拙文の趣旨でした。言いかえれば、学問の真意義は、自己の生きる現実の世界に欠落するものを求め、それを未来に託することにあるという考えです。それは研究者としての私にとって、発想を大きく転換することを意味しました。

そこでこの転換について語らなければならないわけですが、そのキー・ワードはさきの拙文で述べている、共同体にあります。

## 研究姿勢の自責と転換

私は大学で東洋史を専攻し、卒業後も中国史、そのなかでもとくに唐代の歴史を研究していました。あたかも敗戦直後のことで、社会だけでなく学界も、はげしく揺れ動いていました。戦争に協力したと目される学者たちは公職追放令によって、あるいは自発的に責任をとって、教壇を去りました。一方、新鋭の学者たちが新たに歴史学界に登場してきました。彼らはマルクスやウェーバーといった西欧の社会科学の方法論を武器として、学界に新風を吹きこみました。その多くは、マルクス主義の歴史観、つまり唯物史観（史的唯物論）に立っていました。彼らが戦時中からひそかに蓄積していたその研究成果が戦後一気に発表されて大きな反響をよびました。彼らの影響の下、歴史学界には、唯物史観があっというまに広がりました。その風潮は、六十年近くを経た今日でも、まだどこかに残っているようです。

戦後、唯物史観に立つ中国史の研究者たちが最も重要な課題としたのは、停滞論の克服ということでした。戦時中、中国社会には進歩的性格に乏しく、その歴史は専制支配の繰り返しにすぎないという議論が少なからずありました。これは停滞論とよばれていますが、この議論のもとにはマルクスの考えが大きく関わっています。したがって、中国社会停滞論は唯物史観に立つ人から発せられることが多かったのですが、しかしそれは日本の中国侵略を正当化する結果になりかねませんでした。なぜなら、中国社会の停滞性の前提には日本社会の進歩性という考えがあり、日本民族の中国民族に対する優越性の観念がそこから引き出されるわけですから。戦後の停滞論克服という課題は、つまりこれに対する反省から生れたものでした。

したがって、戦後の中国史研究の命題は、中国史の非停滞性、つまり進歩性を実証することにありました。そこから当然、中国史をどう時代区分するかという問題が生まれました。当時マルクス主義の研究者を結集していた歴史学研究会[9]は、中国史の新しい時代区分法を構想しました。そして、すでに戦前に独自の時代区分法を構築していた京都学派[10]に挑戦したため、両者の間にはげしい論戦が展開され、十数年に及びました。そのことはよく知られた事実ですから、ここでは省略したいとおもいます[11]。

当時の若手研究者の通例として、私も唯物史観に大きな魅力を感じた者のひとりでした。唯物史観では歴史を推進するダイナミズムとして、階級闘争を重視します。私が興味を抱いたのは、唐末に幾度となく起った民衆反乱でした。最後には有名な黄巣の大反乱[12]（八七五―八八四）となって唐王朝は滅亡するのですが、私はこの黄巣の乱に至る、唐朝と民衆のぶっつかりあいを問題にし、いくつかの文章で発表しました。私がこうしたテーマを取り上げたのは、唯物史観の影響と同時に、戦後日本の政治における民衆の役割を考えていたということがあります。また、一九四九年、すなわち私の大学卒業の翌年に成立した中華人民共和国の影響もありました。要するに、戦後の民主主義の高揚の中で、それと波調を合わせながら、研究をやっていたわけです。

そうした自分の研究姿勢に疑問を感ずるようになったのは、一九五六年頃のことだったでしょうか。唐代史の史料には、権力と闘う民衆の姿が実に生き生きと描かれています。従来の研究者はこれを事件として取り上げることはありましたが、権力側と民衆側の双方に対して、第三者的地点に立って、これを観察するのが通例でした。しかし私はこうした見方にあきたらず、自分を民衆の側に置いて事件を叙述しようとしました。そして、そうすることによって、事件の実態がよりヴィヴィッドに見えてくるということもないではありませんでした。だがそれだけで歴史になるだろうかという疑念が生じてきたのです。つまり、国家権力と民衆とを最初から敵対的な関係でとらえ、両者のぶっつかり合いだけをえがいてみても、それは三百年の歴史をもつ唐王朝を、機械的な階級闘争史観の中に閉じこめることになるのではないか、というおもいがふつふつと湧き起ってきたのです。

自分の研究方法に対する疑いは、自分の生き方への疑いにまでひろがりました。唐代民衆の反権力闘争を顕彰することをもって自分の研究者としての存在理由とし、それによって自分の革新性を自認していたその浅薄さが、つくづくはずかしくなったのです。

こうした心境の変化の原因がどこにあったかははっきりしませんが、これも時代の影響にちがいありません。その頃出された政府の経済白書の「もはや戦後ではない」[13]という有名な言葉は、単に経済回復を意味するだけでなく、革新勢力にとっても、情況が変ってきて、単純な力学ではやっていけないところへ来ていました。そのことがはっきりと認識されないまま、あの六〇年安保闘争にズレこんでしまったわけです。

私の研究でも、唐代民衆を単に物理的なパワーとしてとらえるのでなく、人間として、その内部からつかんでゆく必要があったのでした。しかしその当時はなかなかその転換ができず、一年ばかり気落ちしたまま何もできない日が続きました。研究者として自信がもてなくなったのです。

やがて気を取りなおして研究を再開したとき、私は唐代史を放棄し、時代をさかのぼって、魏晋南北朝[14]（二二〇－五八九）、とくに北朝の史書を読み始めていました。北朝は、隋唐帝国の前身を成しています。私の考えは、唐朝と民衆は最後には乖離して激突するが、最初からそうだったのだろうか、もしそうだとすれば、唐朝という王朝が成立するはずはない、その成立期において、国家と民衆とはどういう関係にあったのだろうか、それを唐朝の成立過程にさかのぼって調べてみよう、ということでした。

こうした契機で北朝にさかのぼり、さらに北朝の前史を形成する五胡十六国時代[15]（三〇四－

四三九）にまで視野をひろげるということになってしまいました。それから約半世紀近く五胡北朝史を研究領域とすることになり、今だに唐代へのリターン・マッチができないのが残念です。

しかしこの時代をさまよい歩くうちに、ひとつの理解に到達しました。この時代は、中国内地に北方の遊牧系種族（五胡）が国家を建設した時代ですから、社会は漢族系と胡族系とで構成されていました。胡族系が部族組織から出発したことはいうまでもありませんが、私は漢族系もまた、各地域にある種のまとまりを成して生活していたことに気がつきました。

秦漢統一帝国が瓦解して次に到来した魏晋南北朝時代は、政治的分裂の時代でした。黄河流域には胡族がはいりこみ、紀元四世紀以後、かわるがわる種族国家を建て、興亡を繰り返しました。ちょうどローマ帝国の領内でゲルマンの諸国家がヨーロッパ各地に分立したのとよく似ています。その国家権力を支えるのは、胡族の軍事力でした。一方、漢族政権は南方にのがれ、長江下流域を本拠として、国家を建設しました。このように政権が南北に分かれますが、そのどちらの国家も、人口の大部分を占めるのは漢族の人びとでした。そして、中央政権の求心力が衰えたこの時代、漢族社会のなかで大きな力を発揮したのは、豪族とよばれる地方有力者層でした。

このことは戦前からすでに指摘されていたことです。そしてその豪族の力の根源として大土地所有に注目が集まっていました。彼らは広大な農地を占有し、そこに多くの隷属民を収容して耕作させ、そこから莫大な富を得ているといったイメージです。隷属民の多くは国家の収奪を逃れて豪族の庇護の下にはいったので、国家は租税収入を確保するためにそれを取り戻そうとし、そこから国家と豪族の間に対立関係を生じていた、とも説明されていました。

戦後になって、この大土地所有下の隷属民が農奴的なものか奴隷的なものかで、論争が起りました。これが中国史の時代区分論争のきっかけになりました。前者の説では、この時代を中世とみることになりますが、後者ならば、古代ということになります。ヨーロッパ史になぞらえると、前者は中世封建制の時代、後者はギリシア・ローマ時代ということになりましょう。前説を主張していたのは京都学派ですが、それに対して歴史学研究会系の唯物史観が、奴隷説をもって挑戦したわけです。さらに言えば、前者は中国史の発展をヨーロッパ史と並行的に考えるのですが、後者は、中国史の特殊性を強く意識し、その発展の度合いをヨーロッパに比べて後進的にとらえる傾向があります。後者の説では、中国は十世紀前後からつまり宋代あたりから、ようやく中世封建社会に入るとするのですが、それは中国が近代化に立ちおくれ、ヨーロッパの圧力（いわゆる西欧の衝撃 western impact）によって初めて近代化に向って前進するという見方と、密接に関連しています。これに対し前者の京都学派では、十世紀前後に唐宋変革とよばれる社会の大変化が起り、中世から近世へ移行した、つまり近代化への前段階が中国内部の力によって形成されたと考えてきました。

魏晋南北朝時代の豪族の土地経営のあり方をめぐる論争は、このように中国の近代化の問題にまでつながっていたわけです。戦後の時代区分論争があれほどはげしく、しかも長期にわたって闘われたのは、中国史を、全体として、いかに系統的に理解するかという問題に密接に関わっていたからです。

## 共同体世界の発見

ところで、魏晋南北朝時代の豪族の力の基礎を、大土地所有に求めることは正しいでしょうか。豪族の多くが大土地所有者であったことは認めなければなりません。しかし当時の史書を子細に読んでゆくと、彼らが宗族（一族）と郷党（同郷人）の間に高い声望をもち、それによって地域社会に対して強い指導力を発揮した事例が非常に多いのです。さらに、宗族・郷党からの声望が何によって得られるかといえば、その第一が救済事業にあります。戦乱と天災（この二つは互いに関係がありますが）のために、地域民は、たえず飢えに苦しんでいました。そこで豪族層は自家に貯える穀物を放出して彼らを救済することを、自分に義務づけていたのです。この自家に貯蓄する穀物は、その大土地所有から収穫したものですから、大土地所有が大きな役割を果していることは確かですが、それは豪族の力の一部分にすぎません。より重要なのは、彼がこうした行為によって、隷属民の数よりもはるかに多い自営農民の心をつかみ、そのことを通じて広大な地域に自分の影響力を行使していた点です。この時代の官界の上位を独占した貴族階級は、この豪族層の中から出たものですが、その任官の資格は、出身地域における人物評価にもとづいて与えられました。いわゆる九品官人法(16)です。つまり、このような、宗族・郷党から成る地域社会を指導する人格的な力が、彼らに王朝官人の地位を保証したのでした。

## 共同体と階級

私はこのように統合された地域社会を、一種の共同体と考えました。豪族を中心として構成されていることから、学界では豪族共同体論と呼ばれています。豪族は、人びとの救済の他、農事指導や争い事の調停や、教育などにも当りましたが、さらに地域防衛の中心ともなりました。戦乱や匪賊の襲撃に際して、豪族は地域の人びとを指揮して、村落を防壁で固めて防戦しました。豪族の親衛部隊にはその隷属民たちが充てられました。こうした地域防衛隊が国家の正規軍に編入されることもありました。

豪族共同体論は、豪族と民衆を敵対的に考えず、むしろ双方の精神的な連帯関係を重視する点に、大きな特色があるとおもっています。共同体といっても、決して平等な関係ではありません。その構成員には当然階級差が存在しています。しかしそれを敵対関係にもちこまず、むしろ共存関係に転化しているわけです。その転化を可能にするのは、双方の精神的関係、つまり恩恵と報謝の関係です。それはいかにも理想主義的解釈のように見えますが、当時の生存条件の酷烈さが、現実にそれを要求したのです。もちろん豪族の救済思想には、当時盛行した儒教や道教や仏教などの利他の精神が影響しています。

魏晋南北朝時代の民衆は、このようなすがたで、地方豪族の保護と統制の下にあったのでした。こう考えると、唐朝前半期の律令政治は、この保護と統制を国家的規格に整備、拡大したものと解しても、そう不自然ではありません。そして、あの唐末のすさまじい民衆反乱は、この規格の解体によって自立した、あるいは自立を余儀なくされた民衆の抵抗だと考えられるのです。

その実証にはなお多くの手続きを要するのですが、とにかく、民衆が最初から支配権力に対して敵対的であると見るのでなく、それを歴史的な産物と考えることができるようになったわけです。と同時に、民衆の根元的な存在形態は共同体の中にあるのではないかという六〇年安保当時の予測も、何とか曲りなりに確認することができました。それは豪族支配という階級制の下にありながら、地域社会の共存関係を保持していたのです。別の言い方をすれば、階級関係を軸にして共存関係が成立していたことになります。異なる階級にある人びとが、この関係によって相互に共存を図るというのは一つの矛盾ですが、現実社会ではしばしば起ることです。いやこの矛盾こそが階級社会における人間生活の真実のすがたであり、その矛盾の深みからさまざまの行為や事業や制度が生れてくると考えてよいでしょう。人間社会の内部に入っていけば、必ずこうした矛盾とそれに立ち向う人びとのいとなみが見られるはずです。階級性と共存性の矛盾を公と私という概念で分析していくと、さらにいろいろな研究の地平が開けてきます。私の豪族研究は、やがてその一端に触れることになるのですが、ここでは省略したいとおもいます。

## 〝唯物史観〟論争

私の提起した豪族共同体論は、六〇年代末から七〇年代にかけて、学界の一部でかなりの反響をよびました。唯物史観の立場を守っている研究者たちから、あいついで批判論文が発表されたのです。その詳細についてはすでに述べたことがありますから、ここでは省略しますが、その批判点を整理すると、つぎの二項に集約できるとおもいます。一つは、共同体結合の契機の問題であり、二つ目は、共同体と階級の関係の問題です。前者については、私が豪族の無私の精神が乱世に生きる人びとの結束のかなめになったと主張したのに対して、これを観念論だとして批判しました。批判者たちによれば、共有地だとか水利事業だとかとにかく生産面での協同がなければ、共同体とはいえないというのです。つまり、人と人との結びつきには、物質的基礎が必須だという考えです。それに反して、人と人との結びつきに精神の力を強調した拙論は、唯物史観の原則に反するというわけです。拙論では、精神を重視するといっても、それが人間の生命を守り、地域の秩序を保って、社会の再生産を可能にしていくことになるのですから、決して物質世界を無視しているわけではありません。しかし、批判者たちにしてみれば、何が何でもまず物質に対する人間の欲望から出発しなければならないのでしょう。

つぎの共同体と階級の問題ですが、私はこの両者が有機的に結びついているすがたを構想しました。

当時の社会は、もし階級的利益だけを追求するならば、つまり豪族が自家の富の蓄積だけに努めて一般の民衆の生活を顧みないならば、社会はたちまち安定性を失って、乱れてしまう。そうなれば、豪族としても安泰ではいられなくなります。いかなる階級社会でも、民衆との共存なしに社会は成り立たないのです。さらに、階級制度が民衆の生活の安定を保証することができなければ、階級制度は存在理由を失って崩壊するのです。このように、階級性と共存性は相互依存の関係にあります。しかし批判者たちは、こうした考えに満足しませんでした。当時の社会に共同体的な性格があるとしても、それは階級支配を貫くための装置だというわけです。そして拙論は、階級間の対立関係を軽視しているが故に、唯物史観に背反しているというのです。

私も戦後、唯物史観に立って研究を続けて来ましたから、「豪族共同体」論は、確かにそれから離れるものであったかも知れません。しかしその唯物史観自体は、学界で中国史の研究に有効な方法となり得ず、ずっと低迷し続けていました。私自身も、そうした方法を固執することの虚しさを痛切に感じて、いろいろと悩んだあげく研究のスタンスを転換させたのですから、唯物史観は自分の中で乗り越えつつあったのです。したがって、これらの批判的言説がいかに貧寒としているかがよく分りました。一番奇妙なのは、私が魏晋南北朝の史料にもとづいて説を構成しているのに、諸批判は何ら実態を考えることなく、ただただ唯物史観の教条だけを振りまわして、私を背教者呼ばわりしたのですから、歴史研究者として逆立ちしているとしか言いようがありません。批判者の中の一人に至っては、「平和と民主主義の戦いに背を向ける者」と言って私を非難したものです。それを読んで、戦後歴史学はここまで堕ちてしまったかと思ったものです。

これら「唯物史観」（実はタダモノ史観）のドグマにしがみついている人たちの他、一般の研究者たちは拙論に対して、どういう反応を示したでしょうか。このバッシングが起ったとき、正面から反論したのは、盟友の川勝義雄君[17]だけでした。彼は唯物史観とは距離を置く京都学派のリベラリストでしたが、私との共同研究を通じて、豪族共同体論に深い理解を示し、自分の研究にもそれを適用して、すぐれた成果を出しました。彼の反論の骨子は、批判者たちがもっぱら物質第一主義に立ち、人間の文化や精神の意味を無視しているという点にありました。

川勝氏の他にも、豪族共同体論にシンパシーを感じた研究者は、決して少なくなかったとおもわれます。たとえば、大分後になってからですが、岸本美緒氏（現東京大学教授）が、欧米の学界の新学説モラル・エコノミー論を紹介したとき、拙論に言及しています。その他、拙論に触発された実証研究もいくつか発表されました。しかし豪族共同体論の当否を、魏晋南北朝史の実態を通じて真向うから論じた文章はほとんど無かったようです。偏見かも知れませんが、大方の研究者には、この問題を回避しようという気持があるように見受けられました。その理由としては、まず、理論問題にはできるだけかかわりたくない、とくに唯物史観に反対の旗幟を鮮明にすることは憚られる、自分もどちらかといえば物質本位である、等々ニュアンスを異にするさまざまの気分が、論争から身を遠ざけることになったのではないかと推測しています。

## 地域社会論と宗族研究

しかし今から考えると、共同体論の提唱は、唯物史観と激突することによって研究者をその呪縛から解き放つ効果を生んだのではないか。そう考えるのは、私の思い上りでしょうか。八〇年代初め、森正夫氏（現名古屋大学名誉教授）が明清時代を舞台に、地域社会論を提案しました。戦後、宋代以後の社会の性格と構造を決定する鍵として、地主の下で働く農民（佃戸）が農奴かそれとも契約的小作人かという議論が、はげしく交されました。それによって、宋–清の一千年が、中世か近世かを分けることになるわけです。しかし、専制国家の下における個々の土地所有の生産関係のあり方が、そのきめ手になり得るかどうか、大きな疑問があります。むしろ、個々の土地所有を包括して成り立っている地域社会やそれをまとめ上げている指導層に目を向ける方が、より歴史の実情に即した見方ではないか、というのが森氏の提案です。森氏は指導層をリーダーという言葉で表現していますが、要するに階級間の対立関係よりも指導関係を重視する見地に立っています。これは従来型の唯物史観から一歩抜け出た考え方であり、それだけに、佃戸が農奴かどうかというスコラ論議にあきあきしていた明清研究者に魅力を感じさせたのでした。

地域社会論は、人びとのヨコの連帯を考える点で、共同体論と接近するところがあります。その紐帯は地縁関係ですが、地域社会の中には血縁関係を結合原理とする宗族団体が含まれています。宗族は同族間で血統を正しく確認し、共通の祖先を祭り、族内の相互扶助を行なうなどのことを実践する団体です。この宗族制度は古代からあるのですが、宋代頃からとくに発達したので、今日の学界ではその研究が盛んに行われています。宗族制度は近代になっても杜絶えることなく、今日でも存続しています。しかし毛沢東時代には、宗族の公然たる活動は禁止されていました。というのは、宗族が社会主義的な政治体制とあい容れないと考えられたからです。宗族研究が今日のように盛んになったのも、一面には、学界が唯物史観から離れていったことを示していると私は考えています。その新しい姿勢が、厖大な宗族関係資料の発見につながりました。

再び私の豪族共同体論に立ちかえりますと、それは単なる唯物史観離れではなかったと思っています。というのは、自分の内部の葛藤を通じて生まれたものだからです。ただ単に唯物史観が時代のトレンドでなくなったから、というのでなければ、これまで唯物史観が目ざしていた中国史の新しい構築という課題を自分の身に引き受けてゆかねばなりません。それはまことに蟷螂の斧にひとしい孤独な努力を必要とします。しかし二〇世紀も末になって、このことに最も深い理解を示した一冊の書物が刊行されました。奥崎裕司『中国史から世界史へ　谷川道雄論』（汲古書院、一九九九年）です。奥崎氏はその「はしがき」で、次のように述べています。

このたび私は、なぜか谷川氏の書物を手にし、むさぼるように読み、何度となく読みかえした。不思議な共感であった。一度も共感したことのない人に、初めて強い共感を覚えるのは、まことに不思議な感覚であった。（中略）マルクス主義の影響からの脱出の努力によって、私は、今ようやくなんとかマルクスを客観的に評価することができる地点にいたったのである。哲学を蔑視する者は最悪最低の通俗哲学にとらえられる、と言ったのはマルクスではなかったか。この「哲学」を歴史観、世界観、歴史理論などと置き換えても成り立つ。（中略）しかし、なぜ谷川氏なのか。それは、谷川氏が私以上にマルクスに共感し、それゆえ私以上に悪戦苦闘した軌跡を、つねに語りつづけてきたからである。しかし、そのような人は他にもいるではないか。そのとおりである。私が共感したのは谷川氏の悪戦苦闘そのものではない。私は「脱出」の努力であったが、谷川氏は「克服」「超克」の努力であった。この姿勢の違いは大きい。では私はその姿勢に共感したのか。それだけではない。到達した地点、あるいは到達しつつある地点に共感したのである。

誠実で情熱的な奥崎氏にこう言われると、何とも恥じ入りたい気持ですが、自分がそうありたいと思っていることが的確に表現されていて、この書を受け取り、ただただ頭が下るおもいでした。

# 四　未来なき時代

## 大学紛争の一過性

一九六〇年は、日本の社会全体にとっても、私個人にとっても画期的な年でした。この年以来、破防法や警職法や安保改定問題に対して起ったような、大規模な国民的反対運動は起らなくなりました。いまテレビで、外国の大規模なデモなどの状況を見ると、日本はすでに別の世界になってしまったという感じを抱きます。そしてそれと引きかえに、高度経済成長の波が押し寄せて来ました。それによって、国民の生活様式が一変したと言ってよいでしょう。戦中・戦後の窮乏生活が豊かになったという以上に、生活の中に市場原理が侵入してきたのです。つまり生活必需品のほとんどすべてを市場に頼ることになったわけです。

テレビ・電気洗濯機・電気掃除機などの家電製品や自動車・耕耘機などを持つことによって、人びとは生活が格段に便利になり快適になったことに大きな喜びを感じました。しかし市場経済の進展につれて、生産者として市場に関わり、また消費者としても市場に関わるというように、その生活が全面的に市場に依存するようになってゆくわけです。生産と消費という人間の再生産過程がすべて市場を中心として編成されるということになると、人間のあり方そのものも変化してゆかざるを得ません。これまで家族、地域、学校、職場などの共同体を作っていた連帯の気持はうすれてゆき、反面人びとの個体化が濃厚となり、社会はそうした個体間の関係として現象することになります。ギヴ・アンド・テイクとかドライとかプライバシーとか、戦後日本語のなかにはいりこんだ外来語は、明らかに社会の個人主義化の所産だといえます。

この方向を日本社会の封建的体質から近代化へのプロセスだとして肯定的にとらえる向きもありましたが、私自身の気持はこの変化に対して、すっかり冷え切って否定的でした。国民大衆が自己の属する社会に対して、肯定的にせよ批判的にせよ主体としてかかわる契機は、日に日に弱くなってゆきました。既成の労組や学生の自治組織も、勤労者・学生の心をとらえることはできなくなりました。

六〇年代の終りから七〇年代の初めにかけて全国の大学を風靡した大学紛争も、従来型の組織的な自治会運動ではありませんでした。学校当局に対して行われる「大衆団交」は、労組の団体交渉のように代表者に交渉を一任するものではなく、学生個人が任意に参加するのが一般的でした。そのため大学当局の側でも、それらのグループを「団交」の相手と認めるかどうかがしばしば問題となったものです。

「大衆団交」で提起される批判や要求は、実に多種多様でした。ただ、社会の大変化の中で育ってきた学生たちと旧態依然たる大学の教育体制とのギャップが、彼らの不満の背景にあったとおもいます。当時はやった「黄色いノート」という言葉が、それを象徴しています。ノートが黄色になってしまうほど毎年同じ内容の講義がくりかえされているという、学生側からの痛烈な批判です。

当時の学生たちのなかにあった真の欲求は何だったのでしょうか。提起された諸要求の中で比較的質の高かったものを基準にして考えると、教師たちがその研究成果を現実に生きる人間の表現として、学生の前に提示してほしい、そのような大学であってほしい、ということではなかったでしょうか。もしそうだとしたら、それこそ私自身が十数年来求めつづけてきたものであったわけです。しかし大方の大学当局は、そうした問題を虚心に考えることもなく、ただただ学生側のふみこんだ行動を抑えるという行政上の対策に終始するだけでした。個々の教員にしても、「大衆団交」の場に引き出されては、学生たちの舌足らずの言葉の真意が理解できず、また多少理解し得たとしても、自分の既成の枠組みを脱却できず、教師・学生の間には相互に不信感が広がるばかりでした。イラ立った学生たちは、往々にしてこの障壁を物理的に突破しようとして、建物の占拠や夜を徹する団交など過激な行動に出たものです。そして自治を建前とする大学に機動隊を入れてこれを排除するかどうかがまた学校側の大問題となっていくわけです。やがて学生の一部はセクトに参加し、学外に出て武装闘争に走り、国内的国際的な形でさまざまな事件を引き起しました。

各セクトが学生大衆から孤立していったことから考えると、学生一般には、そうした革命志向などみじんもなかったと言えます。学生間に「マルクスなんか知らないよ」といった言葉が、平気で口にされました。「平気で」というのは、戦後の学生運動では、マルクスについて無知を表明することなど、考えられもしないことだったからです。これは、これまでのマルクス主義の絶対視に対して厳しい批判を投げつけるものであると同時に、いわゆる脱イデオロギーの時代の到来を物語っています。

それはともかくとして、当時の学生たちが教師に向って投げつけた学問の要求も、学生自身によって、どこまで突き詰められていたか疑問です。私は、この点で自分と思いを同じくする学生たちの成長を強く期待していましたが、それは必ずしも満足すべきものではなかったようです。彼らには、自己と社会との対峙関係に立って、そこから新しい認識を生み出していこうという、粘り強い思考の努力に欠けていました。現実に進行している社会情況に対して、どこか甘い肯定的なところがあったのでしょう。ヘーゲルは、ギリシア時代を人類史の青年期にたとえて、「優美だが、はかなく、うつろい易い花の世界」と、たくみに表現していますが、優美であったかどうかは別として、大学紛争が「うつろい易い花の世界」だったのは確かでしょう。ちなみに申しますと、当時の学生たちは、いま定年退職を迎えつつある「団塊の世代」なのです。

ついでにもう一つ申し上げますと、それから三十数年後の今日、国公立大学はすべて法人化されました。その目的は、社会のニーズに応えうる大学に改造するためとされています。明治以来、学問の自由を基礎に自治を標榜して来た大学の伝統的体制が、いま根底から変えられようとしているわけです。この「社会のニーズ」の中には、「学生のニーズ」も含まれています。学生による教員の評価という、未曽有のことも行われるようになりました。三十数年前の大学紛争は、今日の改革を先取りしたものだという意見があります。これをむげに否定することはできないのですが、しかしこの場合、「社会のニーズ」とは、どういうことをいうのでしょう。大学の内外で大方の人がイメージするのは、大学が市場経済の要求に奉仕するということのようです。当然、そうであってよいのかという疑問もでてきます。そこで「社会のニーズ」とは何かを改めて問い直してみなければなりません。それはさらに真の「学生のニーズ」はどこにあるのかという問題に連動してゆくでしょう。いま大学法人の中で指導的位置を占めて活動している「団塊の世代」の教員たちは、このことについてどういう答えを出しているのでしょうか。かつてはげしく提出した、大学とは何か、学問とは何かという問いかけは、いま自分の側からどんな答えが出されているのでしょうか。

## 脱イデオロギー・脱政治・脱歴史

全国の大学紛争は、七〇年代初めには潮の引くように終息しました。その後の学生気質は、私の見る限り、大きく変ったものでした。脱イデオロギー、脱政治、脱社会の傾向はますます強くなり、概してクールでおとなしい性格が目立つようになりました。

彼らは外に向ってあまり物を言わないのです。「大衆団交」でしばしば教師を罵倒した先輩たちに比べると格段に温順なのですが、その代りあまり反応してくれないのです。response（返答）のないのは responsible でない（無責任だ）と怒ってみるのですが、それでも response がない。教師としてはいささか張り合いがないのですが、他人にできるだけ関わらないようにふるまう性質、つまり人間存在の単独化が、世代的に深まったせいではないかという気がします。

教師と学生の関係は、上の世代が下の世代を指導して、社会の人的再生産を計ってゆく仕組みですが、教育関係は親子関係の延長でもあります。中国語の師父という熟語が示すように、師は父であり、父は師なのです。私の感じた学生たちの変化は、家庭における親子関係の変化と軌を一にするものであったかも知れません。いつの頃からか、子どもが親に対して他人のような感情をもち、また言葉遣いをする――例えば娘が父親を「あの人」とよぶような――風潮が生れましたが、社会はじりじりとある種の決定的な「変質」に向って進行しているように見受けられました。

人が過去・現在・未来といった時間系列の意識をもつとき、いちばん身近には、先祖の時代、自分の生きている時代、そして後輩の時代といった工合に、世代の交代を素材としてイメージすることが少なくありません。しかしもし親が子にとって「あの人」、つまり世代差を消してしまった単なる同居者にすぎないとしたら、親はどのように未来をえがいたらよいでしょうか。子の方はまた、将来どのように過去をとらえるのでしょうか。このような家族・学校などでの共同体結合の希薄化が、時間の進行にしたがって世界を考える身近な拠りどころを無くしてしまうことにならないでしょうか。

現にいま多くの高齢者が、同居する子どもやその妻子との間の家族的親和感が希薄になってゆくのに悩んでいます。そこには老熟の喜びにも満たされず、次世代、次々世代に対して信頼感ももてず、自分の生きてきた長い人生に納得のいかないすがたがあります。これは決してとくべつ親子の仲が悪いというのではありません。個々人の単独化を深めてゆく社会のあり方が、家庭にも及んでいるだけのことだとおもいます。

私の指導した学生たちは、世間の水準からすれば格段に良識をそなえていて、何ら非難すべきものはありませんでした。それにもかかわらず私の感じたのは、彼らとの間に世代の交替という歴史の機制がはたらいているかどうかというような不安でした。簡単に言えば一個の教師として後続部隊の存在を実感できないという空虚なおもいです。もちろん自分の側にも大きな問題があります。私自身がすでに社会全体に対して、どうしようもない違和感を抱いていました。「新生日本」の挫折、経済第一主義の社会、私はこの二つの理由からつねに負の意識の下に生きていましたから、積極的な未来感を持つはずはなかったのです。フランスのレジスタンス詩人ルイ・アラゴンの詩句に、「教えるとは、共に未来を語ること」とありますが、自分の研究を通じて未来を語る努力に欠けていたことも、深く反省してみなければなりません。そのような努力によって学生たちとの間の世代の差を越えることができなかったのです。

## 「共同体」論は未来を語りうるか

それでは私の「共同体」論は、「未来を語る」力になり得ないのでしょうか。「共同体」論の趣旨は、階級関係を軸としながら、その個々の立場を超えて人びとが共生をはかること、この努力によって社会を維持していく、という点にあります。魏晋南北朝時代にその前提となったのは、極度の物資の欠乏状態です。限られた物資で社会を維持していくためには、その分配に真剣な考慮を払わなければなりません。この時代、物資の奪いあいがさまざまな悲劇をもたらしました。「人ひとあい食《は》む」という悲惨な有様がその最たるものでしょう。豪族階級の救済事業は、こうした精神の荒廃を防ぐのに、大きな効果を発揮しました。

ひるがえって、この現代社会はどうでしょうか。地球上の資源には限界があります。文明生活の発達は、この限界をますます大きくしています。イラク戦争の目的が究極的には石油資源の確保独占にあるとされるのも、決して故のないことではありません。この戦争でどれだけの人の血が流されたことでしょう。

幼等《おさなら》の胸打ち砕く戦場《いくさば》に行かんと言ふか日の丸の隊

この下手な歌は、政府が自衛隊のサマワ派遣を決定した時に、何ともやり切れぬ気持で作ったものです。澄んだ瞳をもつイラクの子どもたちがアメリカの巨大石油資本のいけにえにされているとは、私たちは何という恐ろしい世界に生きているのでしょう。地球温暖化によって広大な地域が砂漠化し、物産豊かな海辺が水没してゆくという危機がすでに深刻に進行しているにもかかわらず、各国の対応はきわめて鈍い状況にあります。こんな状態では、国家間における資源の暴力的な争奪戦のうちに、人類は滅びていくのではないかということさえ想像されるのです。なぜなら最後には核爆弾の投げ合いになるかも知れないからです。

　こうした事態を未然に防止するためには、世界がいわば人類共同体を結成して対応する必要があります。そしてそのためには、国益に固執することを止めなければなりません。それを可能にするのは諸国民の意識改革です。自己の利益だけを追求する生き方から、人びととの共生を願う精神へと転換することです。それはいかにも理想論のように見えますが、豪族共同体はまさにこのような原理に立っていたのです。当時の史書には、民衆を救済し、民衆と共存する豪族の生き方を、「軽財重義《けいざいちょうぎ》」（財を軽んじ義を重んずる）という言葉で賞賛しています。そしてこの精神が地域社会の危機を救ったのでした。しかし今日の社会ではその反対に「財を重んじ義を軽んず」るのが、当り前のことになっているのではないでしょうか。義とは、南宋の洪邁《こうまい》[18]という人の説によれば、「衆と之を共にす」、つまり自分一個の利害をこえて他者と協同することを意味します。しかし、今日の市場原理は競争を原則としていますから、「軽財重義」などと言っていたら、小学生にだって馬鹿にされるでしょう。何しろ、小学生に株の買い方を教える学校すらある世の中ですから。

　もし現代のこのような風潮に根本的な疑問を抱く人ならば、私のいう豪族共同体の歴史にどこか共鳴するところがあるでしょう。それは歴史が現代と交わり合う瞬間です。現代社会と原理を異にする過去の時代に触れることによって、人は現代人の普通の考えが絶対のものでないことをさとるわけです。この認識はその人の世界観を次元の高いものにするでしょう。

## 中国専制国家の共同体的構造

歴史にはそのような効用がありますが、しかしそれだけでは、まだ教訓の域を出ません。つまり「鏡《かがみ》」としての歴史に止まっていて、未来に対する確信にはなり得ません。「共同体」論が人類の未来と、さらに切実で主体的な接点をもつためには、この論理が過去から未来へ向う歴史のなかに脈々として貫流していることを証明して行かなければなりません。かつてそれを理論の形で考えたのが、マルクスです。彼は資本主義以前の人類社会がさまざまな型式における共同体社会であるとし、そこから資本主義社会の非共同体的、非人間的性格をみちびき出したのでした。それはもちろん彼にあっては、必然的に乗り越えらるべき歴史の一段階でした。

私たちはこの問題を、中国史に即して考えなければなりません。私が豪族共同体論で問題にしたのは、単なる社会構造としての共同体というだけでなく、民衆の生存を保証する社会体制およびその理念でした。しかしそれは魏晋南北朝以外の時代にも適用できるでしょうか。もしできないとすれば、豪族共同体の説は、魏晋南北朝時代だけの特殊例だということになりかねません。

中国における共同体の原基的なすがたは、いうまでもなく家族です。家族を拡大した男系の親族集団が宗族です。各家族の地縁的結合が、同郷団体たる郷党です。人びとはこれらの集団に帰属し、またそれらから保護を受けていました。これらの集団の相互関係は時期によりまた地域によって異なりますが、前述のように魏晋南北朝の豪族共同体は、特定の有力家族を中心に、宗族・郷党がまとまりを作っていたものです。

しかしこのまとまりは、対外的に完結したものではなく、したがって明確な境界もありませんでした。それらの上に、依然として帝国が存在していました。魏晋南北朝時代に豪族が地方社会を指導したのは、帝国の力が弱まったためです。一般に各時代の帝国は家族・宗族・郷党といった諸集団を含む地域社会を基底にふまえつつも、それを超越した存在でした。周辺の遊牧諸種族の南進を防ぎ、河川その他自然の猛威から身を守ることは、地方的な集団の力ではなかなか困難です。こうした必要から帝国という一大共同体が成立しました。

その運営に当るのは、皇帝を頂点とする官僚階級です。その運営費に充てられるのは、主として民衆の供出する租税や労力です。このようにして、民衆の生存を保証する体制が構築されていました。もちろん民衆の生活がこれで完全に守られていたわけではなく、欠陥だらけの機構や運営方法でしたが、国家権力の衰えた時に民衆の受ける生存の不安定さを考えると、国家の存在価値は決して小さいものではありませんでした。

ここで注目すべきは、この国家共同体が官僚と民衆との二大階級で構成され、その階級関係が国政運営の不可欠のメカニズムになっていることです。豪族共同体では、階級関係を軸として共同体関係が成立しましたが、国家でも同じことが言えます。国家共同体にとって官民関係は、その枢軸をなしていたわけで、これなしに共同体は成立せず、したがって民衆の生存条件も確保されなかったのです。

ただ、次のことは考慮の中に入れておかなければなりません。官民関係において官の民に対する収奪が強くなると、民の生活はかえって困窮し、国家の存立が危くなります。つまり階級関係が共同体の維持にプラスに働かなくなったわけです。階級関係が共同体に対して、プラスにはたらくかマイナスにはたらくかは、主として皇帝をトップとする官側の政治姿勢にあります。もし官僚たちが民生の安定に顧慮し、政治の公共性を堅持していくならば、その指導性の下に共同体はしっかりと維持されるのですが、官僚たちが私利をむさぼるようになると、民生と共同体は危機的方向に傾きます。豪族共同体における「軽財重義」のモラルは、ここでは官僚の政治倫理という形で表れています。

中国の専制帝国という概念から、人はどのような歴史をイメージするでしょうか。前に述べた中国停滞史観を象徴するものは、この専制帝国でした。すでにヨーロッパ人が十八世紀以来、ヨーロッパの、近代的自由に向う歴史発展の否定形として、中国をとらえていました。ヘーゲルがそうですし、マルクスもそれを引き継いだところがありました。日中戦争の正当化につながるとして、戦後批判の対象となったのも、この停滞史観でした。その批判的作業のなかでは、中国社会内部に発生した大土地所有を、奴隷制や農奴制といった概念でとらえ、これを唯物史観の発展段階論にあてはめて、中国史の進歩的性格を証明しようとしました。ところがその後、こうした個々の大土地所有によって中国社会の全体を性格づけることはできないという見方が強くなり、再び専制帝国論が浮上してきました。では、それではまた停滞史観に逆戻りしないかという危惧が生れてくるのですが、学界でこの問題に充分に取り組んだようには思われません。せいぜい、一部の研究者の間で国家的奴隷制とか国家的封建制とかといった形で、専制帝国を唯物史観の公式に結びつける試みがなされたぐらいでした。

専制帝国の枠組みのもとで、民衆とくに農民がどういう支配を受けたかという研究は、いやというほどなされました。田制、税制、兵制などの厖大な制度史の研究は、こうした視点に立つものだと言えます。そして、中国史の展開についても、おおむね発展的にとらえているようですが、それは漠然たる観念にもとづくもので、中国史の運動の論理について自覚的に考察した研究などほとんど無いと言ってよいでしょう。一言でいえば、今日の中国史研究は、戦後の課題を受けついでいるとみることができないのです。

私の考えでは、この専制帝国の構造のなかに歴史の運動の契機が内蔵されているとおもいます。というのは、専制帝国は一面共同体であると同時に階級関係です。共同体と階級を別々のものと考えたり、共同体を階級支配の手段だと考える立場からは、専制帝国の生きたすがたは理解できないでしょう。さきに申しましたように、共同体は階級関係によってリードされています。そして階級関係は共同体によって支えられているのです。この両者の有機的結合が、中国の専制帝国です。

したがって、もし階級関係が共同体の維持に寄与せず、反対にこれを破壊することになれば、当然国家は崩壊します。支配階級が私腹を肥やし、そのため民衆が破産して内乱を引き起すという、王朝滅亡の一般的パターンがそれです。旧い国家共同体が亡びて新しい国家共同体が興ってくるとき、その共同体の理念や構造も一新されなければなりません。たとい前代と似たような形をとったとしても、そこにはやっぱり内容のちがいがあります。このようにして専制帝国史は一歩一歩前進しています。

それを構成する官僚や民衆のすがたもやはり、前代とは変化しているのです。専制帝国史という言葉からグルーミーな歴史を想像される向きもあるかも知れませんが、これは一つの世界帝国ですから、政治だけでなく、経済や文化の上のあらゆる人間的活動がこれを場として展開されています。

以上が戦後の中国史研究の課題に対する私の答案です。先学たちの発問に対してうまく答えられたかどうか余り自信はありません。豪族共同体論をモデルとして専制帝国の意味を考えた点は、私の独創だとは思いますが、まだかなり論理の段階に止まっていて、今後実証が必要です。専門としない他の時代について、同学諸氏のアドバイスを得たいところですが、果して取り合っていただけるかどうか、これにもそんなに期待はもてないのです。諸氏が戦後の中国史の課題をいまだに引きずっている私のこの提言に、どれだけの関心を持ってもらえるか明らかでないからです。

## 研究者の存在理由

七〇年代の後半あたりから学生の気質が変ってきたことはさきに申しましたが、研究者の性格も変ってきたのではないかという印象を拭い去ることができません。私はこれまでその変化を、ぶしつけにも、研究の個別化、細分化、無目的化などと評してきました。専門研究は、それが深まれば深まるほど、こうした傾向を生むのは、理の当然です。しかしそうした傾向は、将来、総合化され、全体化され、一定の歴史像が生れることを前提としたものでなければなりません。しかし実際のすがたはそうではないようです。研究しているうちにいくつかの論文が生まれ、やがてそれらを一書にまとめて個人の著書として刊行することが、研究者の通例になっています。それが学位論文として提出されることもしばしばです。しかしそのとき、果してそこに総合化、全体化を通じて何らかの歴史像が提示されているでしょうか。私の印象では、対象とする特定のテーマについてはある程度のまとまりがつけられていても、「それでその時代はどういう時代だと考えるのですか」という質問を発してみると、何ら答えがかえってこない、そういう著書が少なくないのです。はなはだしきに至っては、研究の意図についても、また全体の結論についても、何ら内容のあることが述べられていないものもあります。

また、序説の中で、ある程度これまでの学界の研究状況が述べられていても、それらのどの点に問題があるかをはっきりと明示することなく、木に竹をついだように自分の考えを記しているものもあります。学界は研究者の共同体ですから、その成果を継承し、あるいは批判して、一つの連続性の上に自分の研究の独創性を主張すべきだとおもうのですが、いくら読みかえしてみても、この連続性が感じられないものがあります。先行研究の紹介の中には、先学の有力な学説も挙げているのですから、それに対して自分のきちんとした評価を提示しなければならないはずですが、「それはそれとして」と言うような行論になっているのは、大変気にかかるのです。そこで連想するのは、もう一度申し上げますが、現代の親子関係です。親は親、子は子で、その間に継承も批判もない、まことにそっけない関係になってしまっている、そのことと対応してはいないかというようなことをつい考えてしまいます。

もしこの印象に大きな誤りがないとすれば、そうした歴史研究は、研究者にとっていかなる存在証明なのでしょうか。個人の趣味のため？　学位取得のため？　大学でのポスト獲得のため？　学者として高い評価を得るため？　それらが互いに結びついた職業的人生のため？　私はこれらの動機を決して否定はしませんし、研究者として生きてゆくためにはむしろ当然のことだと考えています。しかしそれらは表面上の動機にすぎません。問題は研究の内容にあります。その内容において、現代世界を生きる人間の存在証明になっていないとすれば、その研究人生は一体何なのでしょう。

研究者は、研究に必要な教育を受け、専門の知識を身につけています。中国史研究者ならば、古典中国語（いわゆる漢文）でつづられた史書を読み、現代中国語で記された中国語圏の研究者の論文を参照する能力をそなえています。それは世間一般の人びとにはない能力です。とすれば中国史研究者の研究能力は社会的に見ても貴重な文化的資産と言わなければなりません。その文化的資産を専攻者に身につけさせるのが、大学教育です。そのようにして形づくられた文化資産は、どこに向って支出されるべきでしょうか。それが単に、研究者個人のためにのみ消費されることが是認されるでしょうか。もちろん学問研究という作業は、研究者自身の自発性を前提とします。しかしその自発性から出た行為が単に自分の個人生活に還元されてゆくだけだとしたら、彼に与えられた研究条件のむだ使いとは言えないでしょうか。

断るまでもないとおもいますが、私は、中国史研究が今日いわれている意味の「社会のニーズ」に答えなければならないと言っているわけではありません。しかし何らかそれが社会に向って発進されるものでなければならないことはたしかです。この自己と社会とをつなぐ回路は、研究者の内部でどう作られるべきか。それは研究者個々人の内省と実践によって発見されるよりほかに方法はないと考えるのです。

これまで私の良き友人であった当時の学生たち、あるいは現在の同学諸氏について、行きすぎた感想を述べたかも知れません。さらに、真摯な生き方を模索しておられる人たちには、不愉快なおもいをさせたかともおそれます。しかし私がこれほど極言するのは、現今の日本の社会に、ほとんど絶望的な人間性の解体を見るからです。本章の「未来なき時代」という題名は、私自身の心象によるものですが、あるいは大方の人たちに共通する感覚であるかも知れません。そのおもいがつい踏みこんだ発言になってしまったことをおゆるしいただきたいとおもいます。

# 五　中国史の彼方

## 長生きしたくない日本国民

一九八〇年代と九〇年代の二十年間、日本の社会に何が起ったか、それをおもい起そうとしても、私の記憶は朦朧としています。政界ではロッキード事件やリクルート事件のような汚職事件、政党の分離・統合など、社会的には、日航機墜落事故や阪神大震災のような大災害、オウム真理教の地下鉄サリン事件、経済では、いわゆるバブル経済とその崩壊後の不景気等々、国際的にはソ連をはじめとする社会主義体制の崩壊、中国天安門事件、湾岸戦争といった事件が断片的に浮んでくるだけで、そこに何の脈絡も感じられないのです。これは私が当時社会を外側から見て過していたことが主な原因ですが、日本の社会そのものからも「歴史」性が薄らいできたこともあると考えています。

高度成長期を終えた日本経済は安定成長ないし低成長の時代にはいりました。人びとは、景気の動向に一喜一憂しますが、それは所詮循環的な景気変動であって、歴史の進展を表示するものとは言えません。日本の社会は一体どこに向っていこうとしているのでしょうか。

そのうちに、これまで考えられもしなかったような犯罪が続出するようになりました。二十一世紀にはいった今日、そうしたやり切れない事件が、ほとんど毎日のように起っています。家庭や学校や地域が殺戮の場と化している……と言ったら言いすぎでしょうか。その他無差別な殺傷事件や幼児誘拐事件の頻発で世間が戦々恐々としているような情況は、いわゆる「戦後」にはあまりなかったことです。これに加えて、職業倫理の著しい低下が、またさまざまの犯罪を引き起しています。これらの事件が次から次へと噴き出してくるその根元を考えてみると、自他の共存関係の弱体化が共通項として挙げられます。そしてさらにその根底には、市場主義本位の社会体制があるとおもうわけです。しかも、この人間性の危機に対して、国家が総力を挙げて立ち向っているとはおもわれません。「官から民へ」などといって政府自身すべてを市場原理の中に投げ入れる政策に立っている有様です。

こうした情況のもとで、未来に対して希望をもてといわれても、それはどだい無理というものです。経済評論家で、これまで市場原理一辺倒を批判しつづけてきた内橋克人氏は、最近次のように発言しています。

> 世界一の長寿国、この日本で、いま一〇人に四人は「長生きしたいとは思わない」と感じています。(中略)若年層は社会での高齢者の「遇されよう」を目の当たりにし、高齢層は自らの「日々の辛酸」を実感として、「長生きなどしたくない」と感じるようになっているのです。歳をとる

ことへの不安を抱く国民は全体の八割を超えています（八三％）。どうして、かくも多数が「自分の将来人生」に対して肯定的になれないのでしょうか。

（「失われた『人間の国』」『世界』編集部編『戦後60年を問い直す』二〇〇五年）

これは国立長寿医療センターが二十歳から七十歳代まで全国二二〇〇人を対象として行なった意識調査にもとづいたものです。内橋氏は経済生活の面から、日本人の人生への悲観的な意識を取り上げているのですが、さらに今日の政治のあり方について、以下のように述べています。

いま改革、改革と叫ばれますが、本来、改革の対象となすべき構造問題とは、（中略）新旧の「戦前なるもの」をいかに超克するのか、「あるべき社会」に向けて、これらを補整することにこそ改革の真意があったはずです。

ここに「戦前なるもの」と言っているのは、戦前の官優越の社会が戦後も克服されなかったという考えにもとづくものです。内橋氏もまた、戦後民主化の挫折を強く意識しているようです。日本の支配層が手本として仰いでいる世界の覇者アメリカの政治経済が、いまどんな不正義と退廃の中にあるかを考えれば、未来に対する期待の喪失という現象は、おそらくグローバルなものと考えざるを得ないでしょう。私は中国研究者の一人として、中国についても考えてみなければなりません。

## 新中国へのあこがれ

一九四九年十月一日、北京の天安門広場で毛沢東が中華人民共和国の成立を宣言した時、広場に集まった大群衆は嵐のように歓呼し、青年たちは感激の余り地面を転げまわったといわれます。十年以上に及ぶ日本との抗戦、その後の国民党との内戦に勝利して、ついに新しい中国国家が誕生したのですから、それはまさしく画期的な一瞬でした。一九一二年に清朝が倒れてから、中国ははじめて完全に独立した民族国家となったのです。

新中国の出現が日本人にも大きな影響を与えたことは前にも述べましたが、この国を中国共産党が指導し、社会主義への道を歩もうとしていることが、敗戦の打撃に打ちひしがれている日本の知識人たちにとっては、新鮮な驚きでした。そしてそれはいつしか中国に対する尊敬、いや人によっては崇敬の心になっていきました。すでに社会主義の道を進んでいる国としてはソ連がありましたが、日本人はどちらかといえば中国の方に親しみを覚えました。「三大規律」「八項注意」[19]といった中国共産党の清潔な軍規、「大衆路線」というような民衆第一主義の作風を知って、この国に高い精神性を感じたものです。日中の国交が正常化するのは、ずっと後の一九七二年のことで、形式的に言えばまだ敵対状態を解決していなかったのですが、革新勢力の中には、中国革命に学んで日本の変革を実現しようとする動きもありました。

新中国成立後数年経つと、中国の専門書がごくわずかながら輸入され始めました。若き研究者たる私たちはそれを手に入れてむさぼるように読んだものです。階級史観で書かれたそれらの歴史研究書は私たちに非常な新鮮さを感じさせ、中国の学界が日本の学界よりもずっと高い水準にあるような気持さえしたものです。私の先輩に当る中国近代史の研究者が、ある革新的な学会での研究発表に先立って、中国で出版された書物を頭上にかざし、「こんなすばらしい研究書を生んだ新中国に敬意を表します」と言ったことを今でも憶い出します。その時私は「少しやりすぎだな」とはおもいましたが、会場全体の雰囲気としては、それほど違和感がないようでした。

日本の革新派の知識人や学生たちが、中国を特別な敬意のまなざしで見ていたのは、いつ頃まででしょうか。私の記憶では、六〇年安保のかなり後までも、中国の要人や学者が来日すると、大騒ぎで歓迎の行事を催していました。まだ国交正常化以前であり、革新勢力はその早期実現を強く要求していたので、そのせいもあったかとはおもいます。

## 「大躍進」と「文化大革命」

やがて文化大革命[20]（一九六六―七七）の時期に入りますが、それは新中国のシンボルであった毛沢東の死去をもって終りました。新中国成立から現在までの約六十年間、その前半はまさに毛沢東時代でした。この期間の中国の内部情況について、情報が極端に少なかったことと、新中国信仰ともいうべき心理状態のために、日本人はその実態を知ることができませんでした。実は、一九五八年頃から中国政治は、すでに大きな嵐の中にあったのです。

五八年、毛沢東は「社会主義の総路線[21]」を指示し、全国に人民公社[22]を設置し、鉄鋼などの大増産運動を展開しました。それは「大躍進」政策[23]とよばれ、欧米の先進国に追いつくことを目標にしました。人民公社は、そのための集団化を意図したものでした。つまり社会主義化を一気に推し進めようというわけです。

この大躍進政策には、党の高級幹部たちの中にも反対があったのですが、毛沢東はこれを右派と断じて押し切りました。この時期右派分子の烙印を押されて以後長い間逆境に陥れられた人たちは少なくありません。しかしその犠牲となったのは幹部や知識人だけではありませんでした。人口の大部分を占める農民は、伝統的に小家族単位で自己保有地を耕作してきました。地主の土地を没収して無産農民に分配して個別的な自作農体制が出来上って何年にもならないのに、その土地を公有とし、集団労働方式を採ることにしたのですから、そこには大きな無理があったのです。ちなみに、この土地公有制度そのものは人民公社制度が廃止になったあとも存続して、現在に及んでいます。個々の農家は今でもそれを小単位で請け負って耕作しているのです。このことから生れる今日の問題については、後で申し上げるつもりですが、とにかく、農民たちは国家体制の一環として集団化され、しかも鉄鋼生産に動員されました。そのため農作はなおざりになり、一方、農家のなべ、かまや農具までが鉄鋼の材料として供出させられたと言います。これに三年間の自然災害が加わって、この時期、千五百万から二千万と推計される餓死者が出るという恐るべき事態が生じたのでした。これに食糧不足による病死や死産などを加算すると四千万に及ぶのではないかという推定計算もあります。もしそうだとすれば、日本の人口の三分の一近くが、飢えのために命をおとしたことになります。

こういう情報がどれだけ日本に伝わっていたのでしょうか。私の場合、「三年続きの不作」ということは当時耳にしていましたが、これほどのものだったことは、ずっと後で知ったのです。しかもおはずかしいことですが、その原因を、「大躍進」政策と結びつけて考えることはありませんでした。冷戦時代の社会主義諸国では、人事交流を極度に制限し、きびしい情報管制を布いていました。西側ではソ連について「鉄のカーテン」と評し、中国に対しても「竹のカーテン」などと言っていました。情報管制はいまも北朝鮮で極端にきびしいものがありますが、中国もまだ国内、国外ともにかなり制限されています。ともかくこういう情況の下では、六〇年前後の時期、中国の内部事情が日本のマスコミで報道されることは極めてまれでした。

「大躍進」政策の失敗は、中共内の権力闘争を激化させ、やがて「文化大革命」の十年間となります。毛沢東派は、その反対派を「資本主義の道を歩む反革命派」と規定して、きびしい弾圧を加え、多くの人が獄死に追いやられました。国家主席である劉少奇も監禁されたまま亡くなり、文革終息後に「改革開放」政策の立役者となる党総書記の鄧小平も厳しい弾圧を受けています。この権力闘争は民衆を巻きこみ、その大衆的な圧力のもとで何十万という人びとが「右派」、「反動派」のレッテルを貼られて投獄や強制労働の憂き目にあいました。外国語を知っているというだけで、弾圧を受けた者もあります。さらに、毛派の中に正統性をめぐる武力闘争（武闘）が生れ、一千万の人が命をおとしたともいわれています。

「文化大革命」がこれほどすさまじく陰惨な闘争であったことは、それが終ってから日本にも伝わってきたのでした。しかしその最中には、これが近代主義を超克する画期的な実験として、一部の知識人・学生から高い評価を受けたものです。

文革の終息は、毛沢東時代から鄧小平時代への転換をもたらすものでした。言い変えると、精神主義的社会主義路線から経済主義的開放路線への大転換です。八〇年代、人びとはこの開放路線を歓迎し、政治の民主化に大きな期待を寄せましたが、それに歯止めをかけたのが、八九年の天安門事件[24]です。九〇年代にはいると、市場経済に拍車がかかり、今日見るような大発展に向って突き進んでゆきます。今や中国は「世界の工場」といわれ、貿易額でも世界のトップレベルに達しています。もはや世界経済は中国をぬきにして語ることはできなくなりました。日本経済も中国という市場なしには存立し得なくなっています。

中国に対する日本人のまなざしも大きく変ってきました。かつてあこがれの国であった新中国の三十年は、意外にも、粛清、餓死、弾圧、争乱といった陰惨な事件の連続でした。日本人の対中国観も急激に冷えこんでいったことは当然のことです。その流れの中に、市場としての中国が参入して来ましたが、その経済発展のスピードに驚きを感ずることはあっても、かつてのような尊敬のまなざしはなく、ビジネスの場に対する冷静な観察の域を出るものではありません。書店に並ぶ現代中国関係の書物の多くが、中国経済はこのまま発展を続けるか、それとも破綻に向うかということをテーマにしているのは、今日の関心のあり方をよく示しています。

## 中国市場経済と官民対立

ただ、中国史を専攻してきた私自身の関心は、少し違ったところにあります。それは、この鄧小平以後の三十年を、歴史のなかにどう位置づけたらよいかという問題です。

中国の公式見解で言えば、清朝時代までが封建社会、清末－民国は半封建半植民地時代、中華人民共和国に到ってこれを解決して社会主義の道へ向う、しかし毛沢東時代にはその方策を誤ったので開放政策に転じた、現在はまだ社会主義の初級段階にあり、市場経済は社会主義市場経済という中国独特の性格をそなえている、ということになるでしょうか。

鄧小平がいったように、たしかに市場経済即資本主義とは言えませんが、今日の爆発的な経済発展をみると、従来の社会主義における計画経済とは大いに異なるものがあります。たしかに毛沢東時代に引きつづいて、土地は公有化され、国営企業もまだ厖大な数に上っており、生産手段の共有部分が少なくないのですが、それらも市場経済の中にまきこまれて、後述するように深刻な社会問題を引き起しています。このように、国家制度の中における社会主義的要素は少なくなる一方ですから、中国が果して社会主義へ向って前進しているのかどうか、疑問を感ぜざるを得ません。

それでは、中国はどこへ向って進んでいるのでしょうか。その進む方向を、どういう指標でとらえたらよいのでしょうか。市場経済も日々動いているわけですから、人びとはそれを注意深く見守っていますが、しかしそれは単なる変動にすぎません。気温の高低と同じで、それ自身は歴史とは言いがたいものです。なぜなら歴史は不可逆的に進行するものですが、経済変動には可逆性があります。いまの日本でもっと景気がよくなって欲しいと願うのは、以前の好景気の時代に戻って欲しいという願望に他なりません。それに反し、歴史の方は、たとい昔に戻ったように見えても、いわば螺旋形の発展の一局面が類似現象を示しているだけにすぎません。

こう考えてみた時、日本にはすでに歴史らしい歴史がなくなったのではないかと感じ、そこから未来への確信がもてないのですが、同じことを中国の市場経済社会についても感じるのです。こういうわけで、中国経済の躍進ぶりに驚嘆の声を発する人たちにも、私はどこか同調できないものを感じます。

歴史はいかにして創造されるのか。私はやはり社会の内部に生きてはたらいている矛盾現象に注目したいとおもいます。すでに述べましたように、日本では六〇年代を境として、政府と国民が全面的に対峙することはなくなりました。そこに市場原理一辺倒の潮流がおおいかぶさり、この三十年が経過したのです。では、中国ではどうでしょうか。

私が数年前から中国における官民間のトラブルに注目してきたのは、こうした問題意識からでした。最近になって、日本でもこうした情況について報道されることが多くなり、国民の間に知れわたって来ました。実情をヴィヴィッドに伝える書物も、かなりの数が翻訳出版されています。官の不当に対して抗議行動を起すのは、国営企業などをリストラされた労働者、賃金不払いに遭った農村からの出かせぎ労働者、失職した軍人、環境汚染や多発する鉱工業の事故の被害者やその家族などですが、とくに多いのは農民です。政府報告によれば、二〇〇五年、暴動を含めた抗議行動は全国で八万七千件に上りますが、その七割近くが農村で起きたと言われます。最近の農村問題は、農地の収用が大きな部分を占めています。企業が新たに進出するために、地方政府の認可を経て農地の占有を図るわけですが、農民たちはわずかな補償金が支払われるだけで耕作地を失い、生活困難な状況に追いこまれます。その上、郷村の幹部たちは企業側に便宜を計って利益を受け、あるいは借地料の多くを自分の懐に入れるなどの行為も少なくありません。農地は公有で、農民は請負いで耕作している形になっているので、地方政府が企業に認可を与えると、形式的には、法的効力が発生することになります。そこで農民の生活権擁護の闘いが生れ、各地で争議を起しているわけです。

中央、地方の政府を指導しているのは、いうまでもなく中国共産党で、重要なポストは共産党員で占められていますから、貪官と民の衝突は、とりも直さず腐敗党員と大衆との闘いです。官＝党の腐敗は、党中央に大々的な反腐敗キャンペーンを実行させるに至っていますが、その根絶にはきわめて大きな困難があり、まかり間違えば、オウン・ゴールにもなりかねません。腐敗分子と民衆とのはざまに立って苦悩しているのが、今日の党＝政府中央のいつわらざる姿と言ってもよいでしょう。

つまり今日の官民対立による政治危機の重大さは、党＝政府の中央が最もよく認識しているわけです。あの目をみはるような経済発展の蔭に、こうした大問題が進行している事実は、私たちとしては十分認識しておかねばなりません。それはまさしく構造的矛盾ともいうべき問題です。それは汚職官僚を摘発すれば済むというものではありません。市場経済は政治権力の庇護のもとに進行し、政治権力は市場経済によって支えられるという相互依存こそが、今日の中国社会の骨組だとおもわれるからです。つまり、体制の根本にかかわる問題がそこにあるわけです。この問題をどう理解するかは、今後の中国の方向を考えてゆく上で、避けることのできない作業となるはずです。

官民対立の発端は、いうまでもなく、民衆側が行政から不利益を被ったと認識して行動するところから始まります。それはまず上級機関への上訴（上訪《シャンファン》）という形をとることが多いようです。地方の官憲の眼をのがれてひそかに上京し、中央政府へ訴える人びとが北京市内の一角に群がっています。地方政府がわざわざ警官を派遣して、彼らをとらえ連れ戻してゆく姿が、先日のテレビでも放映されました。自分たちの汚職が中央に知られるのをおそれてのことでしょう。こうした上訪がどれだけの効果を生むか分りませんが、とにかく引きもきらず上訪者が北京に集まってくるのです。

住民たちが当局に押しかけ、集会・デモなどの抗議行動に出ることも、日常化しています。それはしばしば騒動に発展します。激昂した群集が役所前の車をひっくりかえし、放火するといった行動も、決して特別なことではありません。官側もこれに対抗して警官を動員し、場合によっては双方に死傷者を出すことになります。時には、「黒社会」といわれる暴力団が投入されます。

農民に対立する「官」は、決して、省・市・県などの地方行政機関だけに限りません。農民の居住地である末端の村において、官民間のするどい対立情況が展開されているのです。政府系の情報誌である『瞭望・新聞周刊』の二〇〇六年二月十三日版には、北京、上海、武漢など大都市近郊の村についてのルポルタージュが載っています。それには、多くの村の幹部たちが高級車を乗りまわし、豪華な家を建て、一方では役人や学者と優雅に親交を結びつつ、他方では暴力団と深く結んでいる実情がえがかれています。

中国の村の規模は大小さまざまですが、大体人口数千人位と考えて大過ないでしょう。それ位の聚落で、どうしてこんな現象が起きるのでしょうか。これには、村の幹部について考えてみなければなりません。

現在の村には、村民委員会（以下村委会と略称）という機構があって、村の管理に当っています。人民公社が解体してから農村は請負耕作制度に変ったのですが、それでは各戸バラバラになり農村の管理機能を低下させるというので、一九九八年に「村民委員会法」が制定されました。この法によって、村民の直接選挙で村委数名が選ばれ、主任一人が置かれます。しかしこの法律には、「共産党の指導の下に」運営されるべきことが明記されています。村にはこれとは別に共産党の村支部が置かれており、党書記がその責任者をつとめています。また、村党の上には郷の党支部さらに県の党支部があって、行政組織に対応した組織系統を形づくっています。こういうわけで、村民の直接選挙といっても、候補者の選定や村委の決定に当って、往々にして党の意志が強く反映される可能性があるわけです。もし村党の指導が公平であれば問題はないでしょうが、これに私情がからむ場合は、村民全体の意向が反映されないことになります。

大都市近郊の村は、現在企業進出の恰好の土地ですから、大きな利権を抱えていることになります。そこに村委会、とくにその主任が、上部機関や企業と結んで私腹を肥やす余地があります。同じ村民でありながら一旦管理者の地位に就くと、俄然権限を利用して贅沢な生活を送り、またそれが可能なのは、伝統的な官僚主義の魔力が今なお強靭に生きているためと見なければなりません。これは反面から見れば、村民たちの無知や無気力のいたす所かも知れません。

しかし、その一方で、先述のように村民たちの抵抗がさまざまの形態で燃え上がってきたことも、否定できません。それが年々激しくなっていくところを見ると、中国の内部は動いているという感じを抱かざるを得ないのです。とすれば、この官民対立問題をいとぐちに今日の中国の歴史的なすがたをとらえることはできないでしょうか。

あらかじめお断りしておきますが、私は、対立する官と民のどちらかに加担するという立場に立つものではありません。なぜなら私は当事者ではないからです。しかし中国史研究者の一人である私には、中国で生起する歴史的事件について、過去、現在を問わず、その意味を客観的に明らかにしていく責務があるとおもっています。

## 村委リコール運動の一例

　さて、さまざまな形をとる中国民衆の抗議行動は、官の不正から生れた自分たちの生命・財産の損失に対して補償を要求するものですが、最近そこから発展して、官に対するリコール運動が出現していることに注目しなければなりません。その典型例が、二〇〇五年の七月から九月にかけて、広州市南郊の番禺県太石村という場所で起った事件です。

　珠江デルタに位置し、バナナの樹やサトウキビ畑の点在する亜熱帯のこの村は、人口約二千の小村ですが、沿海工業地帯に近いため、工場なども進出してきて、それが事件の背景をなしています。この村では、二千畝《ムー》（一畝は約二百坪）の公有地を企業用地として貸し出し、そこから上る収入は、村民各戸が出資者として、つまり株主のような形で、配当を受ける仕組みになっていました。この方式は、他の地方の村でも最近よく行なわれているようですが、この事業の運営は当然村委会の仕事になります。しかし期待された配当金は一向に渡らず、生活は苦しくなる一方でした。その反面、もともと自分たちと同程度の経済状態だった村委たちは、わずか三年ばかりの間に宏壮な住宅を建て、車も何台も持つようになりました。

　恐らく村委に対して村民たちが会計を公開するよう何度も交渉して拒否された結果であろうと思われますが、村民四百名余りが署名して、村委会主任の罷免動議を上部機関に提出しました。この要求の法的根拠は、「村委会法」と「広東省村務公開条例」でした。「村委会法」には、選挙権をもつ村民の過半数の賛成によってリコールが成立することを規定し、それに至る手続が定められています。後者の広東省の条例については具体的には不明ですが、村委会に村務の公開を義務づけたものとおもわれます。

村民たちは罷免要求を提出すると同時に、村委会の帳簿の審査を要求し、証拠湮滅《いんめつ》をおそれて二十四時間輪番で帳簿確保につとめたということです。これに対し、県の行政当局は、罷免動議を却下しました。この要求を認めると、その影響が近隣の村々に及んで大変な事態になると考えたようです。そこで村民たちは県政府前に坐りこみ、横断幕をかかげてハンガーストライキで抗議しました。また、声明文のビラを通行人に配って支持を訴えました。この行動でのスローガンは、「我々は民主を要求する。公正を要求する。法治を要求する。我々は国家の主人公だ。我々には自分で自分の命運を決定する権利がある」というようなものであったといいます。

しかし結局この運動は、村民側の敗北におわりました。皆で守っていた会計帳簿は数百名の警官隊によって押収されました。その後県政府は太石村の財務会計の審査結果を発表して、「いかなる個人についても集団に被害を与え私利を図ったことを認めることができない」という公告を出しました。十月初に予定されていた罷免大会も中止になりました。署名をした人たちがそれを取り下げていったからです。

この事件は内外の注目をあつめ、日本でも新聞各紙がこれを報道しました。それらから復原したのが右の経過です。中国側の報道としては、『広州日報』の傘下にある『番禺日報』記者による事件終了直後のルポルタージュがあります。この記事で、何人かの村民たちに対して行なったインタビューの部分は大そう興味深いものがあります。その対象は、署名運動に参加した者、しなかった者、商売が順調に行っている業者、生計の苦しい主婦、学校を卒業したての若者といった工合に、立場はまちまちで、事件が結末を迎えたあとの心境も、ああよかったとおもう者、まだ釈然としない者など、個人差があります。しかし異口同音に述べているのは、この結果を受け容れなければならないということです。そして、今回の県政府による会計検査報告が法にしたがって実行されたのはよかったという発言が、大方の人に共通しています。村が平和に戻り、これからは仕事に専念しなければならないという思いも、一様に述べられています。

官に拘束されるなどした指導者たちの意見がみられないのは、分析材料としては不十分ですが、県側の会計検査報告をどれだけ信用しているかは別として、それが「法にしたがって行われた」ことを強調している口ぶりに、注目する必要があります。この事件の特徴は、「法にしたがって」村民の罷免動議が出され、「法にしたがって」会計報告がなされ、「法にしたがって」罷免大会が中止になったのでした。村民の運動が完全に暴力行為を抑制した形で進められたのも、この遵法の方針によるものとおもわれます。一部村民の拘束や会計帳簿の押収などの行為は、むしろ官側に見られる現象でした。

## 権利擁護運動の広がり

太石村事件で官と民のどちらが勝ったのか、私にはよく分らないところがあります。なぜなら、今後村委会の選挙で現主任が再選されるのか、毎年の会計報告はどうするのかといった問題が残されているからです。

村民の運動の遵法性を最も鮮明に打ち出したのは、彼らの掲げたスローガン、「民主」「公正」「法治」の要求でした。そして自分の命運を自分の手で決し得る、国家の主体でありたいという願望でした。この太石村の運動には、法律家や法律学者が支援したようで、恐らくそうした人たちの指導が、こういう要求の表現になったと想像されるのですが、それにしても、官に対する単なる抗議行動に終らず、村の運営を自分たちの意志で行なうべく、村官のリコールを要求したのは、運動形態として一歩高い次元に立つものと言えるかも知れません。とすれば、これは太石村事件だけの特色なのかという疑問が生れます。どうもそうではなく、現今の中国の民衆運動における一つの潮流ではないかとおもわれるふしがあります。

興梠一郎氏の『中国激流――十三億のゆくえ』（岩波新書　二〇〇五年）によれば、二〇〇四年二月、福建省福州市の郊外の農民一万人が署名し、「憲法」と「人民代表大会選挙法」を法的根拠として、福州の市長や党書記の人民代表資格を取り消すよう要求しました。自動車工業団地建設のために農地を収用し、その補償金を幹部が着服して工場に再投資するという不正が、事件の発端になっています。補償金がろくろく支払われず農地を失った農民たちはしばしば陳情を行ないましたが解決を見ず、ついに福州市のトップに対する罷免運動に出たのです。農民たちの言い分は、「彼らは人民代表だが、人民が選んだのではない。だから人民を代表しようとも思っていない」というものです。これは、現行の選挙制度や行政体制の根幹にかかわる発言です。同じ福建省の福安市でも、同様な問題から六万人の農民が行政幹部の罷免要求に署名したということです。類似の事件は、その他、河北省の各地で起っています。

これらの運動も、官の不正による損害補償要求から官そのもののあり方を問う運動に発展したものと言えます。そしてその根拠は、法律にあります。この点で、ここでも法律家の人たちの支援、指導があったようですが、しかし農民たちが単に彼らに引っ張られて、こうした行動を起したと見ることはできないとおもいます。

中国のある大学講師が、河北省滄州市の某県で行なった農村調査[25]があります。この調査はこの県の村民たちが地元幹部の不法を上部機関に訴えるとき、どういうやり方をするかを現地で聞き取り調査したものです。この地方は歴史上早くから開けたところで、現代の農民もなかなかたくましく、自分たちの窮状を聞いてもらおうと、さまざまなテクニックを使っています。調査によると、相手の感情に訴える、マスコミに宣伝する、それでもなかなか聞いてもらえないと騒ぎ立てる、幹部の不法の証拠を提示するなど、その方法を長年にわたって積み重ねて考案してきたというのですが、その中に、きわめて注目すべき一項があります。それは、彼らが法律を身につけ、それを武器に闘っていることです。平生法律など学んだことのない彼らがどうやって勉強するのでしょうか。調査者は、一、マスコミ（新聞、雑誌、ラジオ、テレビなど）から知識を得る。二、自分で勉強する。生活の苦しい村民たちですが、自分で法律書を購入する。たとえば『村委会組織法』、『土地法』、『国家賠償法』、『行政訴訟法』、『農村法律法規』などを、町へ行った折に買ってくる。ある農民の話ですが、「わしら農民がいつも使える、法律知識を集めた小冊子が手に入ったらよいのだが。わしらは何年も本を読んだことがないだろ。法律の本はぶ厚く、書いてあることも多すぎて分りやせん」。あまり教育のない人たちは、教育を受けた村の若者や村の教師に頼んで、皆のために一段ずつ読んで解釈してもらう、字の読めない者は子どもに読ませてそれを聴く、といった工合に、法律の勉強をしていることが報告されています。その他、村民から「法律の専門家」とあだ名されている知識のある仲間を中心に学習会が組織されたり、またお金をはたいて法規をコピーしてそれを村内にはり出すなどの啓蒙活動が行なわれる、といった実情が明らかにされています。

しかも、これは決してこの地方だけの特別な例ではないようです。『京都新聞』二〇〇六年五月十六、十七日両日の朝刊には、四川省自貢市で起こった土地収用問題を取り上げています。それによりますと、この土地の農民たちはすでに十二年もこの問題で官の不法を訴え続けているということですが、農地を強制収用された三万人の農民の多くが小学校にも行っておらず、字の読めない者が八〇パーセントにも及んでいます。この闘いの先頭に立っている劉正有という農民は、中学を出ただけですが、法律書を買い込み、提訴や陳情の進め方を研究してきたと言います。一度市の幹部から運動から手を引くように甘言をもって誘われたのですが、彼はきっぱりと断りました。その三日後に、約六百人の警官隊が彼の家を取り囲んで、これを爆破しました。この事件で、北京の法律家、人権活動家、学者たちが支援に乗り出し、国営の中央テレビでも取り上げたので、メディアで大きな問題になったということです。その後報道規制が厳しくなって、運動は再び孤立化しているようですが、全国の維権運動（維護権利運動の略。権利を守る運動）は少しずつ根づいているように感じられます。『京都新聞』は劉氏の次のような言葉で、記事をしめくくっています。「共通の目標に向かう仲間が全国にいる。横のつながりを実感している」。

こうした例から分るように、中国農民の教育程度は全体として決して高くなく、文字の読めない人さえ少なくありません。生活の悪化から義務教育が受けられない農家も無数にあって、いま切実な政治問題になっています。そういう悪条件の下で難解な法律の条文に取り組む農民の姿を想像すると、思わずいまの日本のことを考えてしまうのです。二〇〇四年の統計ですが、十五歳から三十四歳までのニートといわれる人の数は、全国で約六四万人と推計されています。中学、高校、大学と教育を受けながら、かくも厖大な数の若者が、何の学習もせず仕事にも就かず、無為の毎日を過しているわけです。中国と日本とでは社会の実情が違うので、無条件にニートを非難するつもりはありませんが、一方に、生きるか死ぬかの切実なたたかいから生れる知のいとなみがあるとおもえば、他方には、人生に何の目的も見出せず、高い代価を支払われた教育の結果がむざんに打ち捨てられて腐ってゆく

——この対照の大きさに、言葉を失ってしまうのです。ニートだけではありません。長年学問研究や教育を職業としてきた私自身、知とは何かという問題をつきつけられて、あいまいな答えしか出せないことに、心の痛みを感じます。

## 中国史の中の官と民

今日の中国民衆にとって、法は彼らの武器なのです。中国民衆の運動は、今や維権運動が前面に出てきて、官への抵抗運動も新しい段階に入ったと見る人もあります。彼らにとっての権利擁護は、単なる民主主義的綱領から生れたものではありません。つまり、かつて世界の近代化過程でブルジョアジーによってなされた権利の主張ではなくて、中国の貧窮の民衆によって生存権として要求される権利の実現なのです。この新しい意義をもった民衆運動が全国的に成功を収めるか失敗におわるか、その帰趨はいまのところは判断できません。官側も、もし対応を誤まれば、政局の一大変化を生むことを十分自覚しており、中央政府はさまざまな緊張緩和策を講じています。とにかく、官と民が正面から向き合いながら、危機を乗り越えようとしているわけですが、その動向が予測できないところに、かえって中国が動いていることを実感するのです。この意味において、中国には「未来」があると言うべきかも知れません。

中国は今後どう進んでいくのか、誰でも知りたいところですが、台風の進路さえなかなか予知できないのに、複雑な人間社会の行く手を予測することは困難です。ただ、これまでどういうコースをたどってきたかは、経験された事実として与えられています。今日の実情に至る歴史の道筋を考え、そこから現段階の性格を考えることは、必ずしも不可能ではないでしょう。いや、中国史のプロフェッショナルならば、この問題を避けることは許されないでしょう。自分にそう言い聞かせて、未熟な考えを述べることにしたいとおもいます。

中国の現状を特徴的に示す官民関係をキー・ワードとして考えていくことにします。近代以前の中国社会が、官と民の二大階級によって構成されていたことは、前章にも申しました。官は国家の管理、運営に当る者であり、民はその管理の下で生産にたずさわり、その生産物や労力自体を国家運営のために提供する存在です。したがって官と民という階級関係は、原理として、収奪する者とされる者というような関係ではなく、国家共同体を維持してゆくための不可避的な分業関係だと考えるべきです。それが収奪関係に転化するのは、前述のように、官が国家共同体への責務を放棄して、その地位を自分個人の利益に利用するためです。

歴代の中華帝国は、およそこのようにして成立し、中途でそれが変質して瓦解しました。しかしそれは単なるくりかえしではなく、この運動によって社会が進展を遂げ、官民関係のあり方にも変化がありました。それを極く大ざっぱに述べると、次のように理解されます。

中国前近代の官僚は、士とよばれる社会身分から供給されました。士は、官僚制が確立する秦以前、つまり周の時代の支配層を形成していました。士は戦士集団で氏族組織から成り、最上位に周王を戴いていました。周王は族長中の族長で、共同の祖先神を祭る本家の嫡子でもありました。士の集団は、庶ないし民とよばれる集団を支配下に置き、その生産物を貢納させていました。このような士と庶(民)の集団が集まって、都市国家（邑）を構成するわけです。これが中国の原始国家のすがたですが、士は軍事によって国を外敵から守り、祭祀によって国内の秩序を図る、つまり国家の管理労働に当る存在であり、これに服従して生産に従事するのが庶（民）で、その後の歴代国家の基本構造は、この周の時代に形づくられました。周代には、士と民の間に、血縁という宿命的な身分差がありました。この血縁は、国の祭祀にあずかることができるかどうかを決定する条件です。そして当時の祭祀は政治そのものを意味しました（祭政一致）。

秦漢帝国の時代になると、都市国家群は一つの権力に統合され、国家管理者としての官僚体制が整備されました。官僚に任ぜられるのはやはり士ですが、士はすでに特定氏族の出身者でなく、個人の能力によって皇帝に用いられた人びとでした。その能力とは、法家や道家や儒家といった、周末の春秋戦国時代に発生した各学派の政治理論や政治技術を身につけて現実の政治に運用する能力です。これらの学派にはそれぞれいにしえの聖人や賢人の言葉でつづられたテキスト（経典）があり、当時の官僚もこれを学んで、一般の庶民とは異なる能力を身につけていたわけです。私はこの時代までが、ヨーロッパのギリシア・ローマ時代に当る中国の古典時代だと考えています。

つぎの魏晋南北朝時代については、もう多くを述べる必要はないとおもいますが、当時の士は、豪族という姿で現れました。彼らは衰弱した国家に代って地域の民を管理、保護する人格的な力をそなえていました。それが教養ある高貴な家柄、すなわち門閥貴族階級を生み出し、国家も彼らに依存して政治を運営しなければなりませんでした。したがってこの時代の官民関係は、貴族と人民という、越えることのできない身分差で構成されています。つぎの隋唐時代には、この身分差にいくらか修正が加えられて、貴族身分の水平化が行なわれましたが、官僚たるものは貴族的教養の習得者でなければならず、隋代に始まった初期の科挙制はそれをみるための試験制度でした。

このように魏晋南北朝・隋唐時代の官民関係は、身分的差別のきびしいものでしたが、官の資格が個人の教養に置かれたことは、その後の官民関係に大きな影響を及ぼしました。ここにいう教養とは、主として儒学的教養であり、儒学には特に政治倫理への強烈な志向があります。天の意志にしたがい、民の生活を保証するというのが、儒学（儒教）の精神です。社会の大変革ののちに到来した宋代以後の時代になると、貴族官僚に代って、新しい官僚集団が形成されました。官民の間は、家柄の如何によって区別されるのでなく、純粋に国家運営の見識と倫理をそなえているかどうかによって区別されることになりました。これが宋代以後の科挙官僚で、たとえ一介の農民でも科挙試験に合格しさえすれば、士と目され、任官の資格が与えられたのです。

科挙官僚は、それまでの貴族官僚に比べると、皇帝に対する自立性が弱く、皇帝政治に全面的に臣従する存在ですが、しかし奴隷的臣下ではありません。自らの国政に対する見識と倫理によって皇帝に仕える存在です。換言すれば、王朝という国家共同体の管理者としての自覚に立った官僚で、その頂点に位置するものが皇帝だと言えるでしょう。

したがって、官と民の差は、もはや出自や生得の資質からくる身分の観念をすっかり殺ぎとってしまって、純粋に為政者としての知と徳の有無にかかわっています。それは万人の前に開かれた資格です。ここにはどこか近代官僚制のおもむきさえ感じられるのです。もちろん、一旦官僚になってしまえば、民に与えられない待遇や権限を享受することになるので、官民の間は厳格な一線が画され、非身分的身分制ともいうべき階級の区別が生じます。この区別によるエリート性が、一方の極に経世済民型（国を治め民を救う）官僚を生み、他方の極に昇官発財型（立身出世につとめ金もうけにはげむ）の官僚を生むわけです。

官僚社会が大きく後者の方向に傾けば、公的世界たるべき国家共同体は私権化に向い、人民の生活を困窮におとしいれます。そこから、人民によるさまざまの抵抗――抗議行動、納税拒否、そして反乱――が発生します。反乱は王朝滅亡のきっかけとなり、場合によっては、明王朝のように、反乱の中から次の皇帝が現れるということになります。

宋から清に至る約一千年、民衆反乱のすさまじさは、その頻度、規模において、世界に類を見ないものでありました[26]。ここからも、中国民衆の自立性の高まりが想像できます。しかし、それでも、この時代の官民関係の枠を破ることはできませんでした。各政権はいずれも、天命を受けたとする皇帝権を頂点に官僚集団が組織され、民との間に越ゆべからざる一線を画していました。

この循環の枠組みを破ったのは、一九一一－一二年の辛亥革命でした。これによって二千年来の皇帝政治にピリオドが打たれ、中国は共和制の民国となりました。ここで官民関係も新しく生れかわらなければならなかったのですが、国民党政権時代、官の汚職は絶えず、民も政治参加の意欲にとぼしく、しっかりとした国家共同体を構築するに至りませんでした。そのため軍閥の割拠を清算できず、日本の侵略行動を許す結果となったのでした。

## 官民関係の現時点

国内を統一し、対外独立を達成するという課題を最終的に達成したのは、中国共産党でした。その功績が中国共産党に絶大な権威を与えました。「沒有共産党《メイヨウコンチャンタン》、就沒有新中国《ジウメイヨウシンチョンクオ》」（共産党がなければ新中国もない）という宣伝文句が、それをよく表しています。こうして国政のすべては共産党の指導の下に行なわれるわけですから、党政一致といってもさしつかえないでしょう。それでは新中国における官民問題はどう考えるべきでしょうか。

中国共産党の党員を職業別にみると、六〇年代まで農民出身者が五〇パーセント以上を超えています（次頁表参照）。彼らの大部分は土地革命や抗日戦争などで戦った経験をもつ人たちでしょう。このことから考えると、行政にたずさわる官も、民の外側にある人びとではなく、たとい外側にある知識分子であっても、人民のために服務することを義務づけられていますから、官と民とは一体のはずです。では官と民を分かつものは何なのでしょうか。私は、先述した党の権威がそれであろうとおもいます。

職業からみた中国共産党の党員構成

| | 党員総数 | 労働者(%) | 農民(%) | 知識分子(%) | 軍隊(%) | その他(%) |
|---|---|---|---|---|---|---|
| 1949年末 | 449万 | 2.5 | 59.6 | 11.9 | 23.9 | 2 |
| 1956年6月 | 1,073万 | 14 | 69.1 | 11.7 | 5.2 | |
| 1957年9月 | 1,272万 | 13.6 | 66.8 | 14.8 | 4.7 | |
| 1957年計画 | 1,395万 | 12.6 | 59.2 | 20.7 | 7.4 | |
| 1964年末 | 1,800万 | (38.8) | 53.4 | | 7.8 | |
| 1987年末 | 4,775万 | 17.1 | 39.5 | 27.7 | 2.8 | 2.6 |

毛利和子『現代中国政治』（名古屋大学出版会・1993年）143頁より

現代の中国では、官民という言葉と共に、ほとんどそれと同義的に「党群」つまり党と群衆（大衆）という言葉が使われていますので、新中国における官民関係を党群関係におき代えても、さしつかえないでしょう。とすると官（党）が民の一部でありながら民を指導するという、これまでにない新しい官民関係が生れているわけです。もはや官と民の間に何らの差異もないはずですが、それにも拘らず、今日の中国で官民間に深刻な衝突が生れるのは、官が党の権威に裏づけられた特別の存在であるためだと考えざるを得ないのです。つまり、かつての新中国建設という輝かしい功績が、いま一部の党員たちの官僚的特権と化しているのだとおもいます。

このため、近年党中央は党風を振起して、政権党としての地位を固めようとしています。半世紀まえの功績だけをいつまでも変らず持ち続けていくことは不可能でしょう。江沢民前総書記が提起した「三つの代表」[27]論は、党員が経済・文化の発展を先頭に立って推進し、大衆の中心となることを要求したものですが、開放経済時代に即応した党のあらたな権威確立が必要になってきたことを物語っています。そして、中国社会の当面の目標を、「小康社会」[28]の建設に置いているのも、民衆の生活向上を第一義とする理念の所産といえます。さらに、社会内部の相剋を緩和するために、「和諧社会」（円満な和合的社会）の建設という方針を打ち出し、さまざまな施策を講じています。官＝党の汚職に対する大々的なキャンペーンを進めて来ていることは、前に申し上げたとおりです。

こうしてみると、今日の中国もまた、官民の指導被指導、管理被管理関係を軸とした国家共同体の枠組みでとらえることができそうです。ただ前近代の国家と異なるところは、官民の関係を画する決定的な一線がもはや存在しない点にあるのではないでしょうか。

近年における官民の相剋は、このことを一層明確にしました。民は不法な人民代表を人民代表とは認めなくなりました。そしてその批判行動の正当性を、国家の公法に見出しています。法律は、国家共同体における全成員の規約たるべきものですから、民衆はその権利を守る運動によってむしろ国家共同体を支えているということができます。今日の指導者たちがこのことに真に思いを致すかどうかが、中国の今後の命運を決するといってさしつかえないでしょう。

三千年の歴史がいま中国に正しい選択を迫っています。中国の今後の動向が、いかなる細部をもって展開されるか、それは予測不可能です。国家共同体を維持し、民生を保証するという基本原則を守りぬいていけるかどうかが最大の問題です。そこにおける大きな難関は、市場経済との関係です。これまで見てきた事例では、官民衝突の原因は「官商勾結」（官と企業の結託）による民の権利侵害にありました。官は企業から利益を吸い上げ、企業は官から便宜を供与されるという、官と企業の相互依存関係が、現実の市場経済を支えています。この場合の企業は中国に進出している日本企業についても例外ではないでしょう。この構造的矛盾をどう乗り切るか、その成否によっては官民の対立はますます激化し、政局の一大変化に立ち至らないとも限りません。ちなみに、市場経済と民衆の生活の調和という問題は、中国のみならず、まさにグローバルな課題です。

ともあれ、中国の官も民も、いまこの緊張にみちた瞬間を生きており、その意味で私たちは中国に「未来」が残されていることを感じるのです。

## 注

（1）『中国史とは私たちにとって何か――歴史との対話の記録――』谷川道雄著（河合文化教育研究所刊　二〇〇三年）

（2）配属将校　終戦まで、旧制の中等学校・高等学校・専門学校・大学にはそれぞれ職業軍人の将校を配属し、軍事教練を行なった。

（3）朝鮮戦争　大韓民国と朝鮮民主主義人民共和国は、第二次世界大戦後の米ソ対立を背景に、朝鮮半島の南北分断線である三八度線付近で小競り合いを繰り返していたが、一九五〇年六月二五日未明、北の共和国軍隊が突如南侵を開始、韓国軍が緒戦において壊滅したため、危機感を抱いた米国が国連軍として介入。それに対して建国直後の中華人民共和国が人民義勇軍の名目で国連軍に対決するにいたって、内戦から一挙に国際紛争にまで発展した。第三次世界大戦への警戒もあり五三年七月休戦協定が結ばれるが、この戦争によって、朝鮮半島の南北分断構造と東西冷戦構造は決定的なものとなった。

（4）レッドパージ　一九四九－五〇年、ＧＨＱの指令によって共産党やその同調者を公職・企業などから追放した。

（5）破防法　破壊活動防止法の略称。一九五二年、暴力主義的破壊活動を行なった団体に対する規制措置を定めるとともに、破壊活動をそそのかしたり、扇動したりするなどの活動に関する刑罰規定を定める。

（6）警職法　警察官職務執行法の略称。警察官が警察法に規定する職務職権を遂行するために、職務質問、保護、犯罪の予防および制止、立ち入り、武器の使用など必要な手段を定めた法律で一九四八年制定。一九五八年、警察の権限を拡大するための改正案が国会に提出されたが、国民の激しい反対にあい廃案となった。

（7）「雪どけ」　一九五三年のスターリンの死をきっかけにソ連政権内に変化が起こり、西側に対する政策転換へ向かい、一方アメリカも戦争回避の方向に針路をとって、東西両陣営間の緊張緩和が生まれた。ソ連の作家イリヤ・エレンブルクの小説の題名をとって、「雪どけ」と呼ばれている。

（8）六〇年安保条約改定案　一九五一年九月講和条約調印と同時に日米間に締結された、米軍の駐軍協定を主にした一方的な旧安全保障条約を、一九六〇年に日米の相互防衛条約として改定したもの。これによって米軍の装備や配置、作戦行動の重要な変更については日米両国で事前協議をしなければならないという事前協議制、また日本が米国の極東戦略に貢献しなければならないという極東条項などが新たに定められた。

（9）歴史学研究会　一九三二年、マルクス主義の影響と軍国主義に対する批判意識から設立され、会の機関研究誌『歴史学研究』を刊行したが、戦争後期の一九四四年全面的活動停止に追い込まれる。戦後一九四六年に活動を再開。戦前・戦時下の歴史学が皇国史観に毒されていたことの反省から、唯物史観の発展段階説に依拠し、日本史、東洋史、西洋史の各分野を越えた世界史理解を展開。

（10）京都学派　内藤湖南を創始者とし、彼の独自の時代区分法を取り入れた、宮崎市定、宇都宮清吉、島田虔次、川勝義雄など京都大学系の東洋史学者による学派。この学派では、内藤湖南がすでに戦前に打ち出した時代区分法、すなわち秦漢時代までを上古（古代）、六朝隋唐時代を中世、宋以後を近世とする区分法を軸にして中国史研究を展開。戦後、この時代区分をめぐって、東京に本拠を置く歴史学研究会とのあいだで激しい時代区分論争がなされた。いわゆる京都学派と称されるものにはこのほかに、西田幾多郎、田辺元を中心とした京都大学哲学系のものがある。

（11）『戦後日本の中国史論争』谷川道雄編著（河合文化教育研究所刊　一九九三年）参照。

（12）黄巣の乱　曹州冤句《えんく》（現山東省）の人で、当時専売となっていた塩の密売を業とする富商の黄巣を指導者として起った唐末の大反乱（八七五～八八四）。四川を除きほぼ全中国を戦乱にまきこみ、一時は唐の都長安を占領。最後には鎮圧されたが、この大乱がひきがねになって唐朝は崩壊した。

（13）「もはや戦後ではない」　政府の年次経済報告である「経済白書」の五六年版で宣言された。戦後の復興経済が終わり、新たに技術革新と社会生活の近代化が日本の経済成長を支える時代になったことを告げた象徴的な言葉として注目を浴びた。

（14）魏晋南北朝　三国の一つ魏が後漢の政権を奪って自立してから隋が全国を再統一するまでの数百年間をいう。魏のあとに西晋が興ったが、やがて華北では、匈奴《きょうど》・羯《けつ》・鮮卑《せんぴ》・氐《てい》・羌《きょう》の遊牧系各種族が建国して興亡を繰り返し（五胡十六国）、四三九年鮮卑系の北魏がこれを平定した。以後北朝時代となる。一方、南方に逃れた漢族政権の東晋のあと宋・斉・梁・

陳の四朝があいついで長江流域を中心として建国した。これを南朝という。こうして五世紀半ば以降、中国は胡族系の北朝と漢族系の南朝に二分されたが（南北朝時代）、北朝系の隋が南朝の陳を亡ぼして、全国を統一した。

(15) 五胡十六国時代　前注参照。

(16) 九品官人法　二二〇年魏の建国の際施行された官吏登用法。九品中正法ともいう。隋の科挙創設まで魏晋南北朝全期にわたって行われた。各地方に中正官を置いてその地方の人材を評価し、任官の資格を与える。その評価は郷里の評判（郷論）を根拠に定めたもので、この等級が任官時の官品を左右する。

(17) 川勝義雄　京都府生れ（一九二二－一九八四）、京都大学文学部史学科卒。中国中世史を専門とし、とくに魏晋南北朝時代の貴族制社会を社会史的方法で解明して大きな功績を残したが、京都大学人文科研究所教授在任中に死去。主著『六朝貴族制社会の研究』（岩波書店、一九八二年）。

(18) 洪邁　南宋の政治家、学者（一一二三－一二〇二）。本文の言葉はその著『容斎随筆』による。

(19) 三大規律八項注意　共産党が紅軍の兵士の統制のために出した規律と行動規範。「一切の行動は指揮に従う」「大衆のものは針一本糸一筋取らない」「一切の没収物は公に帰す」の三大規律や行動規範を定めた八項注意によって、国民党軍などこれまでの軍隊にあった掠奪的性格の一掃をはかって、民衆の支持につとめた。

(20) 文化大革命　一九六六年に始まる中国の権力闘争。毛沢東、林彪らを主導者として、直接大衆を組織することによって、党・行政機関の実権を劉少奇から奪ったとされる。その極左的傾向と毛沢東夫人・江青らの恣意的支配が、多くの優れた知識人、文化人の虐殺などさまざまな弊害を生み、毛沢東死後、江青夫人らいわゆる四人組が逮捕された。一九七七年終了が宣せられた。

(21) 社会主義の総路線　毛沢東は一九五三年頃から社会主義への急速な移行を目ざしていたが、五八年になって全面化政策を打ち出した。

(22) 人民公社　社会主義総路線化の一環として、農業生産合作社（協同組合）と地方行政機関とを一体化した組織。政社合一と呼ばれ、一九五八年より施行。生産組織と政治組織が一本になり、農業、工業、商業、教育、軍事などすべての機能を含む集団主義的社会機構。人民公社の下部は生産大隊で構成され、生産大隊は生産隊で構成された。各農家は生産隊に組織され、農地はもとより農民の生活の一切が集団化され、国家権力が農村の末端にまで貫徹することになった。これに対する農民の不満は強く、文化大革命が終わると、この制度は機能しなくなってゆき、一九八二年の憲法改正で、最終的に廃止された。

(23) 大躍進政策　一九五八年、毛沢東の「多く、早く、立派に、無駄なく社会主義を建設する」の呼びかけで始まった中国の急進的工業化政策。十五年でイギリスの工業水準を追い抜くことを目指した。しかし農業国・中国の現実を無視した強引な実行のために、農民に大打撃を与え、一九五九年の大飢饉の餓死も重なり、この大躍進政策で命を落とした人は二千万人に及ぶといわれている。

(24) 天安門事件　一九八九年四月のソ連首相ゴルバチョフの中国訪問と中国共産党の改革派指導者・胡耀邦の死をきっかけに、北京の天安門広場で学生・市民による大規模な民主化運動と共産党批判が繰り広げられたが、それに対して危機感を抱いた中国共産党は戒厳令を発動し、同年六月四日、出動部隊がこれに発砲して鎮圧した。当局発表では、死者双方合わせて三百余名負傷者九千名に達するという。これにより首都機能は一時麻痺し、西側各国は経済制裁を加えた。全世界がテレビ中継でこの弾圧場面を報道し、中国政府を批判した。

(25) 鄭欣（南京大学新聞伝播学院講師）「郷村政治中的博奕生存：河北農村村民上訪調査」（インターネット上に発表）

(26) 谷川道雄、森正夫共編『中国民衆叛乱史』Ⅰ～Ⅳ（平凡社東洋文庫）参照。

(27) 「三つの代表」　中国共産党は、「先進的社会生産力」、「先進文化」、「人民の根本的利益」の三つを代表する組織であり、その目的のために党の建設を行なう、としたもの。

(28) 小康社会　いくらかゆとりのある社会の意味。二〇〇二年の中国共産党第一六回全国代表大会では、この小康社会の全面的建設が戦略目標とされた。その背景には、都市部と農村部、沿岸部と内陸部の大きな地域格差とそこから来る大衆の不満がある。「小康」という言葉は中国古典に伝えるユートピア思想（大同思想）に由来する。小康社会は大同社会に至る過渡的段階。

# あとがき

一九四五年八月、広島と長崎であの地獄を見た人は、いくら核兵器が戦争への抑止力になると言われても、決してそれを受け入れることがありません。自分が身を以って体験したその痛哭のおもいからすれば、そんな説法がまやかしであることは、分り切ったことだからです。この人たちにとって、核兵器の存在そのものが、許しがたい悪なのです。

原爆体験者のおもいの決定的な深さからすれば、私の戦中・戦後体験など、物の数でもありません。しかしそれでも、この六十年の間に沈澱してきた否定的な観念を消し去ることができません。その無念さが、本書執筆の動機となりました。

細部においては多くの誤認を犯しているかとおもいますが、日本という国が敗戦というかつてない試練を受けたにもかかわらずついに国民大衆のものになり得なかったという一点においては、誰に対してもこれを譲る気持になれないのです。いくら戦後民主主義の成功が強調されても、今日の国家と自分との間に横たわる深い断絶を埋める何の力にもならないことを感じます。そしてこの断絶の感情は決して私個人だけのものでないことにも、確信をもっています。

戦後、支配層はさまざまの機会を通じて国民に「愛国心」を植えつけようとし、いまそれの総決算として「教育基本法」の改正案を国会に上程しようとしています。それはただちに憲法改正の実施につながってゆくでしょうが、この官製「愛国心」こそ、国家と国民の間の精神的断絶を立証するものです。もし国民が国家に愛を抱きたいとおもうならば、この作為の「愛国心」の囲みの中に追いこまれてゆくより他はないのです。そしてそれが支配層の政治的ねらいに他なりません。

本書で私の述べたところに偏見を指摘されるならば、私はそれを甘受してもよいと考えています。これはその「偏見」も含めて、ひとりの中国史研究者における戦後六十年の思惟過程です。そこに生れたものは、戦後をどう生きるかということと、中国史をどうとらえるかということが、縄のように互いによじれあって進行した結果です。私にとって研究によって得られた認識は、戦後の生き方を考えてゆくための指針でしたし、反対に、戦後社会のなかで折々にとらえた想念が、中国社会解明の示唆となりました。このようにからまり合った思考様式の下での遅々たる歩みから獲られたものはごく貧弱なものにすぎませんが、もしこうした立場を理解した上でなされる批評ならば、私はそれを心から希望しています。

本書を読まれる方の中には、日本と中国の今後について語るところが少ないのを、あき足りなく感じられるかも知れません。日本と中国の行く手について予想的な考えを述べることは勿論可能で、それを試みる人も少なくありません。しかしそれは私の仕事ではないと考えています。私のなすべきことは、過去の歴史のなかに運動の原理をとらえ、歴史運動のギリギリの先端に位置する現代にそれがどうはたらいているかを明らかにすることです。それが結局において未来をとらえる最も確かな方法であろうと思います。

本書ではそれを官民関係という視点で考えています。この視点は、中国だけでなく、日本の現代社会にも適用できるでしょう。今日、官民といえば、小泉首相の「官から民へ」を連想されるかも知れませんが、「官から民へ」の「民」は、民間の意味にすぎません。つまり、官の権限を民間の企業に移譲して、市場原理のさらなる普及徹底を意図するのが、「官から民へ」です。これに対し、私のいう官民関係は、国家機構の掌握者とそのコントロールの下に置かれた国民大衆との関係です。両者の間にしばしば利害の対立を生んでいることは、今日の政治を見れば一目瞭然です。このような対立的官民関係をのりこえるためには、官が真に民衆の福祉のために献身する存在とならなければなりません。そのような官は、この社会における真の主体化を目ざす民衆の運動のなかからしか生れないでしょう。その萌芽というべきものが、現在すでに胚胎しているかどうか、私たちは注意深く見守っていく必要があります。

その点では、むしろ中国の現在の情況の方が、はっきりと問題を提示しています。本文のくりかえしになりますが、酷烈な生活環境の下に置かれ続けてきた中国民衆は、いまや真の人民代表とは何かを問うて、かつてない歴史的時点に立っているわけです。この願望が今後どう発展してゆくかは予断を許しませんが、要するに、日本も中国も、そしておそらくその他の国民も、民衆がその生きる世界においていかにしてその主体たり得るかという共通の課題に直面しているようにおもわれます。人びとが国籍、宗教、人種のちがいを越えてこの共通の課題を自覚した時こそ、本当にグローバリゼーションというべき時代が幕開けするのだと、私には思えてならないのです。

重ねて申しますが、本書は私の長い年月での思惟過程をたどたどしく綴ったもので、無数の同時代人の意見の一つにすぎません。どれだけ真実を射抜いているか、それは読んで下さった方の批評に委ねる他はありません。ただ、少なくとも頭の中で構成したものではなく、日々生きてゆくなかでの思念を煮つめたものとして、理解していただくことをお願いいたします。

最後に、「解説」を書いて下さった、四十年来の知己であり現在もなお共同研究者である河合塾講師山田伸吾氏、及び編集者としてつねに適切な助言を与えて下さった河合文化教育研究所の加藤万里氏に対して、心からなる感謝の気持を表わしたいとおもいます。両氏からは、自分の過去と現在を語るというこの苦渋の多い仕事に対し、深い同情と激励をいただいたことを、特に記して、御礼を申し上げる次第です。

Es irrt der Mensch, solange er strebt.（『ファウスト』天上の序曲）

（ひたすらに生求《いのち》めてやまざれば道ふみ迷ふもまたさだめなり――拙訳）

二〇〇六年五月一日

著　者

# 解説　谷川道雄という磁場

山田　伸吾

人の思想というものは、煉瓦を積み重ねていくように成長していくのではなく、かえって幼児期に向かって成熟していくものである、というようなことを誰かが述べていたように思うが、谷川道雄氏の主著といってもよい二冊の著作、『隋唐帝国形成史論』（一九七一年一〇月、筑摩書房）と『中国中世社会と共同体』（一九七六年九月、国書刊行会）を改めて読み返してみて、氏の思想もまさしく青年期（本質的には幼児期といってよいのかもしれないが）に向かって成熟していったのではないかという思いを抱かざるをえなかった。この二つの著作には、一九六〇年代を中心とした前後十数年にわたる谷川氏の学問の歩みが収録されており、このブックレットではその歩みが氏自身によって解説されているのだが、歴史理論及び学問思想という点では、「一東洋史研究者における現実と学問」（『中国中世社会と共同体』所収、初出は一九六一年『新しい歴史学のために』六八号）が氏の出発点であったと同時に成熟しゆく目的地であったのではないかと思われるのである。

この「一東洋史研究者における現実と学問」では、様々な課題が提起されている。学問と現実との乖離が深まりつつある状況の中で「学問研究を現実に意義あらしめたい」という欲求、政治と文化との本来的な関係の回復、啓蒙的学問運動への懐疑、そして何よりも自分自身に対する「中国中世史研究の現実的課題とは何なのか」という問いかけ、さらには現実の反体制運動の「非歴史的」な在り方に対する疑義等々、谷川氏の思考の出発点をなすものが「他」問、「自」問する形で投げ出されているのである。そして、これらの様々な課題は、この文章の内部では結局のところその後氏の歴史理論の根幹をなすことになってゆくいわゆる「共同体」論に集約されていく。というのは、「学問研究を現実に意義あらしめ」るためには、逆説的ではあるが「現実」や政治に直接的には左右されない学問の探究、つまりは学問の自立という方向が必要となり、それと連動して文化の政治からの自立、知識や思想の自立という主張に行き着き、そしてその要としての中国史に関してはイデオロギー的色彩が濃厚であった唯物史観から自立していくための方法として共同体論が提起されているからである。つまり、谷川氏にとって共同体論とは、もちろん中国の歴史社会を分析していくための方法、中国の歴史及びアジアの歴史を人類史的課題に昇華させていくための不可欠の道筋であったと同時に、氏自身を取り巻く様々な所与の現実世界から自立していくための手だてでもあったということである。

このブックレットにも引用されているが、氏自身はこの文章を次のように結んでいる。

「わたくしには残念ながら、現在の反体制組織の多くは、共有物を持たない諸個人の粒子的集合体であるように感じられる。それは当然資本主義社会の生活様式の反映である。しかし反体制運動がこの反映そのものに止まるとすれば、それはきわめて非歴史的といわざるをえないだろう。なぜなら反体制運動とは、古代いらい階級制度に辱められていた共同体の復讐であり、共同体の全面的開化を目ざすものだからである。にもかかわらず、このような命題が現実世界によって検証されてくるような状況がなく、自分じしんの思考の範囲に止まっているとするならば、これは結局一個の空想にすぎないのではないのか。あるいはそうではないのか。現実世界が検証してくれないとすれば、その証明を過去にもとめ、そこから自己の生をきりひらいていくよりほかはない。わたくしはここに歴史学と現実のふれあいがあると考えるようになってきた。」

ここで述べられている「歴史学と現実のふれあい」とは、「現実世界が検証してくれない」切実なる自分の現実的課題の正当性の証明を過去という歴史世界に求めるということである。とすれば「現実世界」と「歴史世界」とは、「私」の「命題」＝「私」の現実的課題を介して対峙させられることになり、歴史学と現実とは実のところ「ふれあい」ではなく反発しあうもの、反発しあうという形で「ふれあう」ものとして設定されていることになるだろう。ここに谷川氏の思想的な位置とでもいうべきものが象徴的に表れているように思われる。現実と自己とのどうしようもない距離感がここに表明されているのだが、こうした距離感を自覚することこそが氏の学問の契機となっているのである。こうした意味において氏の共同体論とは、「現実」と歴史世界を対峙させるための手だてであったとさえ言ってもよいだろう。歴史学が目の前の「現実」を鋭く切り裂くような過去を浮かび上がらせることによってはじめて「現実」とふれあうことができるということは、そこに反発と吸引という一種磁場といってよい空間が形成されることになるだろう。こうした内部の磁場を、その磁力をより強めながら維持していくことこそが氏の歴史学の課題として設定されているのである。

しかし、もちろん過去という歴史世界は、そう易々と「現実」と対峙するなどという課題を受け入れてくれるわけではない。ここにまさしく中国史の専門研究者としての谷川氏の真摯な、闘いと言ってもよい作業が開始されるのであるが、しかし、事実としてはこの文章に先立つこと二年あまり前にすでに「北魏末の内乱と城民」という論文を発表しており、氏の言うところの「歴史学と現実のふれあい」の感触を手にしていたようである。この論文では、「城民」という特殊な歴史的な存在を手がかりとして、北魏末の内乱が、ある歴史的経緯から国家という共同体から疎外されていかざるをえなかった存在による共同性を回復するための闘いであったと位置づけられ、その分析を通して隋唐帝国というその後の体制の共同性の質にまで論究しうる可能性が示唆されていた。とすれば、氏の「共同体」論はこの論文の構想の背景として既に存在していて、ぼんやりとではあれ歴史の実像としての姿も思い描くことが可能になった段階を経たうえで、それを理論化したものが「一東洋史研究者……」に他ならなかったと言うことになる。

どういう経緯で「共同体」が構想されたかは別としても、この二つの論文の関係は、谷川氏のその後の歩みを示唆しているという意味で興味深い。氏の「共同体」論は、「理論的探究」とその「史実的検証」という二つの世界の往還として展開されていくことになるのである。先に挙げた谷川氏の二つの著書は、まさしく氏の二〇年近くにわたる「理論的探究」と「史実的検証」の記録であり、痕跡であるのだが、大ざっぱに腑分けするとすれば、『隋唐帝国形成史論』が「史実的検証」の世界であり、『中国中世社会と共同体』が「理論的探究」を担っているということになるだろう。

ただ、谷川氏の「理論的探究」が、決して静的で硬直した公式に行き着くものではなく、従ってまたその「史実的検証」も固定的な図式の確認などということには行き着くものではなかったという点に注意を払う必要がある。氏にとっての「理論的探究」とは既成の理論体系に対する挑戦という意味合いを持っていたため、それ自体が揺れ動く動態あるいは発展途上の理論とならざるを得ず、そのためその「史実的検証」という作業も極めて流動的なものとならざるを得なかったのである。かくして、氏にとっての「理論的探究」と「史実的検証」の関係は、理論の史実への適用という構造には行き着くことなく、理論が史実的検証を流動化させ、史実が理論を流動化させるというような緊張関係が生み出され、ここにもまたひとつの磁場が形成されることになる。もし、谷川氏のさまざまな論文の中に歴史の中に生きる人間の自由性のごときものを嗅ぎ取ることができるとすれば、それはこの磁場に由来するものと考えてよい。

もとより谷川氏の「共同体」論自体、その当時の歴史研究における新しい磁極にほかならなかった。共同体と聞けば一般的にはスタティクな構造を想起しがちであるが、氏の「共同体」論はいわゆる「唯物史観」によって組み立てられていた一元的な歴史解釈の世界、世界史像を流動化させるための仕掛けであり、歴史研究の場を押し広げるための新しい磁極に他ならなかったと言ってよいだろう。このブックレットでも指摘されているように、「唯物史観」は戦後の歴史学を主導した強力な歴史観であり、思想体系・価値体系であった。マルクス自身のオリジナルの「史観」がどのようなものであったかは別としても、一般的な「唯物史観」は、あらゆる歴史社会を生産関係における所有・非所有という視点で捉え、そこに発生する階級対立を歴史を動かす主要因と見なし、ヨーロッパ史をひな形として古代奴隷制社会、中世封建制社会、近代資本制社会という固定的な発展段階の図式を描き出していた。このように「唯物史観」とは、壮大な世界性を具備した体系であり、その世界性においてすでに強力な吸引力を発揮していたのだが、それに加えて現実的なプロレタリア革命という政治課題も提起して科学及び学問の実践的課題をも設定していたという点で、戦後思想における強大な磁極たりえていた。

しかし、「唯物史観」はその世界性・普遍性という性格のためにかえって大きな欠陥をも生むことにもなる。多様な歴史社会に対して強引に理論を適用させるという硬直した姿勢から歴史社会が一個の理論に隷属させられるというような本末転倒した状況すら生み出されることになったのである。とりわけヨーロッパ的歴史発展の構造にうまく当てはまらなかった中国の歴史は、世界史的発展の図式にそぐわない「停滞する社会」あるいは特殊な生産関係を持った例外的社会と見なされがちであった。こうした一般的な状況の中で、谷川氏は階級よりも本源的なものとして「共同体」を対置したのである。それは、歴史社会を切り取る視点として、階級対立という磁極に対してもう一つの磁極を設定したことになる。

この「共同体」という概念は、谷川氏の思想からというよりも中国の歴史社会それ自体が要請したものと言った方がよいように思われるが、「共同体」の出自がどうであれ、この概念が設定されることによって歴史社会は「階級対立」という磁極と「共同体」という磁極の引き合う磁場となり、中国史のみならず歴史世界全体が揺れ動き流動する生きた世界として現前することになったように思われる。というより、この様な磁場の設定によってしか少なくとも谷川氏にとっての生きた歴史世界は立ち現れることはなかったということでもある。

氏自身が述べているように氏の研究の出発点は「唯物史観」にあった。「唯物史観」的理論と中国の歴史社会の具体的な姿との葛藤、矛盾の中に身を置きながら、この強力な世界観の磁力から徐々に身を引き離していく過程で、中国の歴史世界が氏に贈ったプレゼントこそが「共同体」であったといってもあながち大きな間違いではないだろう。「共同体」と「階級対立」という磁場は、何よりも氏自身の思考の内側に設定されたものであり、以後の氏にとっての「理論的探究」の基本的課題が「唯物史観」とどう向き合うかという自己納得、自己了解という意味合いにならざるをえなかったこともやはり必然的な事態であったように思われる。かくして、中国中世社会の「共同体」論は、「封建社会」論の再検討という課題とセットとなっていくのであるが、氏内部の磁場は、外側の世界では様々な論争を生み出すこととなる。

もとより「共同体」という視点は、「唯物史観」にも内在していた。ただ、唯物史観が基本的には近代資本主義社会の克服を当面の課題としていたため資本主義社会の矛盾を克服した無階級社会という唯一絶対の「共同体」が歴史の究極の目的のように設定され、それに至る過程で歴史の上に立ち現れる様々の「共同体」は、すべて「階級対立」を隠蔽するための擬制に他ならないものと見なされてしまい、まして歴史分析の視点として評価されることはなかったのである。これに対して谷川氏は、一方では階級分化、階級対立の結果としての秩序の解体・動乱を見据えつつも、個々の時代や社会には絶えず当面する矛盾や対立を克服していこうとする「真性」の「共同体」を希求する力が作用していたと考えるのである。こうした視点によって古代国家も中世国家も、単なる「階級対立」を隠蔽する「擬制」、階級抑圧の暴力装置などといった捉え方ではなく、それぞれの時代の「共同性」を具現しようという希求性において歴史的な評価を加えていく対象になりえたのである。

さらにまた、「階級」よりも本源的な関係としての「共同体」という谷川氏の考え方は、「唯物史観」も含めた近代社会の大きな時代思潮ともなっていた所謂「進歩主義史観」に対しても一つの波紋を投げかけたように思われる。というのは、「進歩主義史観」が、歴史を直線と見ようが螺旋と見ようがいずれにしても未来に向かっての発展という価値的な増幅をそこに設定しているのに対して、「共同体」論は歴史をいわば断面化して捉えるため、「共同体」相互の関係は進歩というよりも質的な違いに還元され、現在あるいは未来に向かっての進歩発展という発想それ自体を相対化してしまう可能性を持つていたからである。この点でも、氏の「共同体」論は、その当時の時代思潮に対してきわめて挑戦的なものとならざるをえなかったのである。

ここまで谷川氏の理論的な出発点をなしたと思われる「一東洋史研究者の現実と学問」を手がかりに氏の「共同体」論についての私なりの解題を行ってきたわけだが、この論文からすでに四〇年以上経過した現在、「共同体」論を巡る状況はどうなっているのであろうか。「階級」と「共同体」の引き合う歴史の磁場はどのようなゆがみを発生させているのであろうか。中国史研究における谷川氏の「共同体」論自体は、それなりに深化され、古代から中世社会への転換を「里共同体」から「豪族共同体」へという「共同体」の自己発展と位置づけ、それに肉付けを施すような形で研究は進められてきている。この点についてはこのブックレットにも触れられているとおりである。だが、「共同体」論と引き合うはずのもう一つの極であった「唯物史観」は、「ベルリンの壁」の崩壊、「東西対立」という軸自体の解消という大きな現実の動きの中でほとんどその磁力を失いつつあるといってよいだろう。「社会主義」国家、「共産主義」国家の事実的崩壊という現象が、「唯物史観」を一つの歴史的産物にしてしまったのである。そして、この「唯物史観」という磁極の弱まりはそれと引き合うことで釣り合いをとっていた「共同体」論自体の磁力をも弱める結果となったようである。氏自身の内部においてその引き合う磁場が弱まったのかどうかはわからないが、「共同体」論はすでに論争的課題ではなくなっている。「階級」という対抗的原理から発せられる強力な磁力に拮抗する形で形成されてきた「共同体」という磁極も、片方の極が弱まり磁場自体が解消されたかのようになったことにより、吸引力を弱めつつあるということである。というより、「階級」という原理の磁力から自由になった「共同体」は、「唯物史観」において「上部構造」と呼ばれるもの全体に関わるものとなり、政治、経済、社会、文化すべてを内包する概念へと解き放たれることになる。谷川氏の「共同体」論が、物質的「下部構造」ではなく、しばしば「倫理」や「精神」に力点を置いて「共同性」を説明してきたことにすでにその本質ともいうべきものが現れていたのだが、もとより「倫理」「精神」を含む文化世界全体が「共同体」に属するものに他ならず、その広がりを否応なく意識せざるをえなくなったのである。あらゆる「上部構造」的内容が「共同体」に流れ込まざるをえない。ある意味では「共同体」は拡散し、焦点を結びにくい茫漠とした概念となり、その磁力は弱まらざるをえなかったと捉えられるのかもしれない。この様に考えてくると、谷川氏の「共同体」論とは、結局のところ内藤湖南を始祖とする京都文化史学に近似したものとなる。いや、もっと正確に言えば中国の歴史を中国文化の発展史と捉えて壮大な体系的文化史学を展開した内藤湖南自体に包摂されていくことにもなる。

しかし、では「共同体」という言葉自体は一体どこに着地したらよいのだろうか。「文化史」とは政治的な国境を越えた文化的「共同性」を前提とした広域概念である。谷川氏の「階級」と向き合ってきた「共同体」とは、ほぼ国家と重なり合うような狭義の「共同性」を内実としているが、これは文化的「共同性」に含まれはするもののそこに解消されてしまうわけではない。実のところ、こうした「共同体」概念を厳密に立て直さなければならない状況こそ、谷川氏の「共同体」論が戦後的な時代の制約を超えて「真性」の歴史的概念として生成していく契機であるように私には思われる。とりわけ「国民国家」という「共同性」が相変わらず強固に維持されている状況の中で、中国中世の「共同体」を浮かび上がらせ、それをこの「現在」に対置するという作業は、まさしく中国史研究者の課題といってよいだろう。とりわけ、混乱した現代中国社会の状況を見るにつけ、この混乱を切開する方法的視座の一つとして「共同体」が浮上してくる可能性もある。

谷川氏にとっての「共同体」論の歩みは、「唯物史観」という強力な磁力を備えた戦後的な時代的与件から自らを自立させていく道行きであり、その闘いにおいては氏はほぼ勝利を手にしたと言ってよいのだろうが、そのことによって「現実世界」との距離が縮まったわけではない。かえって「現実世界」との乖離は深まったというのが事の真相なのではなかろうか。このブックレットを手にすれば、ここにまさしく谷川氏と「現実世界」という二つの遠い磁極が引き合う磁場が生み出されていることを読み取ることができるであろう。この磁場の強さがどのようなものかは読者諸氏の判断に関わる問題であるが、私は、現在の谷川氏に、冒頭に引用した「一東洋史研究者における現実と学問」に向けて成熟していく姿を認めざるをえない。「歴史学と現実のふれあい」を求める谷川氏の姿を。

今まで谷川氏の学問及び思想について「磁場」という喩えを使って述べてきたわけだが、もちろんこの比喩が適切なものであったかどうかはわからない。ただ、この比喩を使ったのは、谷川氏が一個の矛盾体と言ってよいような在り方を持ち、そこに何かしら磁場のようなものが形成され、それが周辺に位置するものに反発や吸引力を生む要因となっていたように思われるからである。しかも、そこに形成された磁場は、かなり強烈なものであった。この強烈さの由来するところを私なりに忖度してみれば、氏自身の「対極」に対する理解力にあるように思われる。それは恐らくは「対極」そのものが氏自身の中に存在していたからに他ならないだろう。「対極」に対する深い理解は、自己の中に内在するものであるからこそ生まれるだろうし、そうした理解の深さによって自己の極と引き合う磁場の強さが生まれる。

さらにいえば、谷川氏の学問と思想が、まさしく「世界」と向き合わなければならないということを初めから背負っていた、あるいは背負わされていた点にもその磁場の強さの秘密があるように思われる。それは、谷川氏個人の資質というよりも、戦中・戦後に生きた人々の宿命と言ってもよいように思われる。「私」が向き合う「現実」は初めから「世界」と直結する、いやしなければならないというような時代状況が介在している。氏の向き合わなければならなかった「唯物史観」はまさしくその「世界性」において戦後思想の中核となりえていたのであり、「八紘一宇」も「大東亜共栄圏」も偏狭ではあるが世界に向きあう思想に他ならなかった。今日の若者たちが、というより私も含めた所謂「戦無派」世代があらかじめ「世界」を喪失していたのとは対照的な在り方といえるだろう。谷川氏とほぼ同世代の詩人が、「ぼくが真実を口にするとほとんど全世界を凍らせるだろうという妄想によって　ぼくは廃人であるそうだ」（吉本隆明、一九五三年『転位のための十篇』）と歌っていたが、谷川道雄氏もまたこうした意味での「廃人」の一人に他ならなかったのである。

（河合塾国語科・小論文化講師）

**著者略歴**

**谷川　道雄（たにがわ　みちお）**

1925年生まれ。

京都大学文学部史学科卒。

専攻・中国中世（魏晋南北朝・隋唐）史。文学博士。

京都大学名誉教授。河合文化教育研究所主任研究員。

武漢大学・北京大学・北京師範大学客員教授。

**著書**　『隋唐帝国形成史論』（筑摩書房）、『中国中世社会と共同体』（国書刊行会）、『世界帝国の形成』（講談社現代新書）、『中国中世の探求』（日本エディタースクール）、『中国史とは私たちにとって何か』（河合文化教育研究所）ほか多数。

**戦後日本から現代中国へ　――中国史研究は世界の未来を語り得るか――**

2006年11月10日　第1刷発行

著者　谷　川　道　雄 ©
装幀　谷　川　晃　一
発行　河合文化教育研究所
〒464-8610　名古屋市千種区今池2-1-10
TEL　(052) 735-1706㈹
発売　㈱ 河合出版
〒151-0051　東京都渋谷区千駄ヶ谷1-25-2
TEL　(03) 3403-9541㈹
〒464-8610　名古屋市千種区今池2-1-10
TEL　(052) 735-1575㈹
印刷 製本　㈱ あ　る　む

ISBN4-87999-941-5

1
## マザコン少年の末路
●女と男の未来(増補版)
上野千鶴子

「マザコン少年」という日本的現象の背後に横たわる母子密着の病理を通して、女の抑圧の構造を鮮やかに切り開く。本文の「自閉症」の記述についての抗議に対する新たな付論つき。(解説 青木和子)
680円

2
## 科学とのつき合い方
高木仁三郎

起こるべくして起きた史上最悪のチェルノブイリ原発事故。巨大化した現代科学の実態と危険性を証し、これにどう向き合うかを、科学者の良心と知恵をこめて語る。(解説 中島眞一郎)
400円

3
## 現代文学はどこで成立するか
北川 透

言葉のパフォーマンスによって近代文学の挫折をのりこえようとする現代詩。その可能性を、グリコ森永事件やコマーシャルコピーから展開した全く新しくユニークな文学論。(解説 山田伸吾)
400円

4
## ディドロの〈現代性〉
中川久定

十八世紀ヨーロッパの近代的知の光の中で、その全領域に関わりながらも、周縁=闇の復権をめざして早くも近代を超える新しい〈知〉を創出していったディドロの思想を考える。(解説 牧野 剛)
400円

5
## 境界線上のトマト
●『遠雷』はどこへ行くか
立松和平

「遠雷」「一寸法師」など、異空間異文化間の境界と交渉をモチーフとした物語の解読を通して、文化の活性地点としての境界線上から、日本社会の内なる解体の行方を問う。(解説 茅嶋洋一)
400円

(表示価格は本体のみの価格です)

## 河合ブックレット

6
### 近代を裏返す
●魔術的世界からSFまで
笠井 潔

神秘主義からフリーメーソン、SFまで、〈近代〉に排除されつつも地下深く流れてきた反近代的水脈を掘り起こし、アポリアとしての近代の突破を試みた魅力的な反近代論。（解説 高橋順一）

750円

7
### 学問に何ができるか
花崎皋平

閉鎖的な専門研究に収束していく大学の学問の対極に、生きることの豊かさとおもしろさを深める真の学問を考え、その可能性を現実との学び合いと自己発見に探る野の学問論。（解説 公文宏和）

400円

8
### 〈情報〉を越えて
柴谷篤弘

生物学の情報化が生命を制御の対象としその尊厳を奪ってきた反省から、情報をもう一度考え直し、情報化社会の中で制御の網を破って人が自分の可能性を開く方法を考える。（解説 河本英夫）

505円

9
### 数学の天才と悪魔たち
●ノイマン・ゲーデル・ヴェイユ
倉田令二朗

20世紀を彩る天才数学者たち。彼らの非凡な頭脳とその俗物ぶりを愛とユーモアをこめて縦横に切りまくりつつ、現代数学のディオニュソス的地平を明した痛快無比のエッセイ。（解説 森 毅）

680円

10
### 思想の現在
●実存主義・構造主義・ポスト構造主義
今村仁司

近代的〈主体〉を賭けて闘われた実存主義と構造主義の交替劇からダイナミックなポスト構造主義の登場まで、思想のドラマを軸に、いま思想に何が問われているかを打ち出す。（解説 小林敏明）

680円

11
## 人と人とのあいだの病理
木村　敏

分裂病、対人恐怖症等〈自己〉の保全に関わる危機の原因を自己と他者との〝あいだ〟に探るという独自の方法を通して、西洋近代の実体的自己に換わる全く新しい自己像を打ち出す。（解説　八木暉雄）

680円

12
## 幻の王朝から現代都市へ
●ハイ・イメージの横断
吉本隆明

著者近年のテーマであるハイイメージ論を駆使して古代史の謎を洗い直すとともに、自然史的発展を越えて進む現代都市の構造をも鋭く解析した、画期的にして壮大なイメージ論。（解説　鈴木　亙）

500円

13
## ミミズと河童のよみがえり
●柳川堀割から水を考える
広松　伝

渇水、水道汚染、地盤沈下――現代の深刻な水危機の中、行政と住民一体の堀割再生という柳川の奇跡的な実践を通して、いまこそ水とつき合い水を生かすことの重要さを訴える。（解説　坂本紘二）

750円

14
## 映画からの解放
●小津安二郎「麦秋」を見る
蓮實重彦

映画の文法に亀裂と破綻を呼びこんでいった「小津映画」という事件を通して、共同体が容認する物語＝イメージの抑圧からいかなる解放が可能かをスリリングに解き明かす。（解説　石原　開）

680円

15
## 言葉・文化・無意識
丸山圭三郎

ソシュールの原典の徹底的読みと検証を通して実体論的言語学を根底から覆した著者が、言葉が主体を離れて自己増殖をとげる深層意識に光をあて、〈文化〉発生の磁場を探る。（解説　山本　啓）

680円

# 河合ブックレット

16
## 近代をどうとらえるか
三島憲一

マルクス、アドルノ、ハイデガー、リオタールなど、これまでの近代批判の諸類型の考察と再検討を通して、近代を越える独自の道を近代の力の中に模索した意欲的な脱近代論。（解説　高橋義人）

680円

17
## ファッションという装置
鷲田清一

世界という意味＝現象の中から〈私〉という存在はどのように析出されその輪郭を際だたせていくか——身近なファッションから思いがけなく存在の謎に迫った刺激的なモード考。（解説　竹国友康）

750円

18
## 小田実の英語50歩100歩
●「自まえの英語」をどうつくるか

小田　実

美しい英語よりも「自まえの英語を」——さまざまな英語体験をもった著者が大胆かつ明快に語る英語学習の核心。「思考のふり巾を広げる」ことをめざしたユニークな外語教育論。（解説　古藤　晃）

505円

19
## 古代史は変わる
森　浩一

古代史研究に常に斬新なゆさぶりをかけ続ける著者が、河内というローカルな地点を切り口に、古代日本の謎に満ちた姿を縦横に語った古代史研究の面白さと意味を満載した本。（解説　井沢紀夫）

505円

20
## ペシャワールからの報告
●現地医療現場で考える

中村　哲

アジアの辺境ペシャワールでらい治療に携わる医師が、異文化の中で生き学びながら、上げ底の海外援助を問うとともに、医療とは何か生きることとは何かを原点から問い直す。（解説　福元満治）

505円

21
## 半生の思想
最首悟

現実の矛盾とねじれをどこまでも生き抜く方法としての〝中途半端〟の思想を通して、大学闘争、水俣、科学、自己、と近代の軸に関わる問題に生活の深みから迫ったユニークな思想論。（解説　大門　卓）

505円

22
## ヨーロッパ史をいかに学ぶか
阿部謹也

独自の西洋中世史研究で名高い著者が、自らの足許と異文化とを往還的に照らし出す作業を通して、ヨーロッパという異文化が投げかける意味と光を重層的に読み開いた魅力の書。（解説　柴山隆司）

750円

23
## 世界のなかの日本映画
山根貞男

映画を作る側と観る側の境界線上に身を置き、その独自の評論でどちらの側をも挑発してやまない著者が、映画を純粋に映画として観ることの輝きと豊かさを、愛をこめて語る。（解説　石原　開）

680円

24
## 世紀末世界をどう生きるか
●「新右翼」の立場から
鈴木邦男

日本的エートスにこだわりながら「言論の自由」を貫徹するという、民族主義・近代主義の両方を乗り越えた著者が、混迷の度を深める世紀末世界を若者を軸に明快に読み解く。（解説　牧野　剛）

680円

25
## 海から見た日本史像
●奥能登地域と時国家を中心として
網野善彦

「日本島国論」「稲作中心史観」の上に成立してきた従来の日本史像を、海によって栄えた奥能登・時国家への実証的研究と厳密な調査によって転換し、真の日本史像を構築する。（解説　外　信也）

680円

31
2001年地球の旅《グレートジャーニー》　関野吉晴

南米最南端からユーラシア大陸を経てアフリカの人類発祥の地へと、化石燃料を使わずに人力のみで遡行したグレートジャーニー。現代文明を撃つその壮大な旅の中間報告。（解説　牧野　剛）

750円

32
歴史のなかの文学・芸術
●参加の文化としてのファシズムを考える　池田浩士

未曾有の暴力と殺戮を展開した20世紀ファシズム。その淵源は民衆の参加にある――現代大衆社会の文学・芸術を鋭く読み直し、〈近代〉の正嫡としてのファシズムの意味を問い直す。（解説　栗原幸夫）

750円

33
9・11以後　丸山真男をどう読むか　菅　孝行

西欧近代の暴力がむき出しにされた9・11以後の新たな世界状況の中で、丸山の可能性と限界を的確に再吟味しながら、彼の現代的・実践的意味を鋭く突き出した画期的な丸山論。（解説　太田昌国）

750円